Andreas Karg

Die gestaltende Wirkung integrierter betriebswirtsch<

Andreas Karg

Die gestaltende Wirkung integrierter betriebswirtschaftlicher Standardsoftware

diplom.de

Bibliografische Information der Deutschen Nationalbibliothek:

Bibliografische Information der Deutschen Nationalbibliothek: Die Deutsche
Bibliothek verzeichnet diese Publikation in der Deutschen Nationalbibliografie;
detaillierte bibliografische Daten sind im Internet über http://dnb.d-nb.de/ abrufbar.

Copyright © 1999 Diplomica Verlag GmbH
Druck und Bindung: Books on Demand GmbH, Norderstedt Germany
ISBN: 978-3-8386-2131-9

http://www.diplom.de/e-book/217963/die-gestaltende-wirkung-integrierter-
betriebswirtschaftlicher-standardsoftware

Andreas Karg

Die gestaltende Wirkung integrierter betriebswirtschaftlicher Standardsoftware

Diplomarbeit
an der Universität Innsbruck, Österreich
Sozial- und Wirtschaftswissenschaftliche Fakultät
Prüfer Univ.-Ass. Dr. Martin Piber
Institut für Organisation und Lernen
Juni 1999 Abgabe

Diplomarbeiten Agentur
Dipl. Kfm. Dipl. Hdl. Björn Bedey
Dipl. Wi.-Ing. Martin Haschke
und Guido Meyer GbR

Hermannstal 119 k
22119 Hamburg

agentur@diplom.de
www.diplom.de

ID 2131
Karg, Andreas: Die gestaltende Wirkung integrierter betriebswirtschaftlicher
Standardsoftware / Andreas Karg - Hamburg: Diplomarbeiten Agentur, 2000
Zugl.: Innsbruck, Universität, Diplom, 1999

Dipl. Kfm. Dipl. Hdl. Björn Bedey, Dipl. Wi.-Ing. Martin Haschke & Guido Meyer GbR
Diplomarbeiten Agentur, http://www.diplom.de, Hamburg
Printed in Germany

Diplomarbeiten Agentur

Wissensquellen gewinnbringend nutzen

Qualität, Praxisrelevanz und Aktualität zeichnen unsere Studien aus. Wir bieten Ihnen im Auftrag unserer Autorinnen und Autoren Wirtschaftsstudien und wissenschaftliche Abschlussarbeiten – Dissertationen, Diplomarbeiten, Magisterarbeiten, Staatsexamensarbeiten und Studienarbeiten zum Kauf. Sie wurden an deutschen Universitäten, Fachhochschulen, Akademien oder vergleichbaren Institutionen der Europäischen Union geschrieben. Der Notendurchschnitt liegt bei 1,5.

Wettbewerbsvorteile verschaffen – Vergleichen Sie den Preis unserer Studien mit den Honoraren externer Berater. Um dieses Wissen selbst zusammenzutragen, müssten Sie viel Zeit und Geld aufbringen.

http://www.diplom.de bietet Ihnen unser vollständiges Lieferprogramm mit mehreren tausend Studien im Internet. Neben dem Online-Katalog und der Online-Suchmaschine für Ihre Recherche steht Ihnen auch eine Online-Bestellfunktion zur Verfügung. Inhaltliche Zusammenfassungen und Inhaltsverzeichnisse zu jeder Studie sind im Internet einsehbar.

Individueller Service – Gerne senden wir Ihnen auch unseren Papierkatalog zu. Bitte fordern Sie Ihr individuelles Exemplar bei uns an. Für Fragen, Anregungen und individuelle Anfragen stehen wir Ihnen gerne zur Verfügung. Wir freuen uns auf eine gute Zusammenarbeit

Ihr Team der *Diplomarbeiten* Agentur

Dipl. Kfm. Dipl. Hdl. Björn Bedey –
Dipl. Wi.-Ing. Martin Haschke ——
und Guido Meyer GbR ————

Hermannstal 119 k ————
22119 Hamburg ————

Fon: 040 / 655 99 20 ———
Fax: 040 / 655 99 222 ——

agentur@diplom.de ————
www.diplom.de ————

Inhaltsverzeichnis

Abbildungsverzeichnis

Vorwort

Integrierte betriebswirtschaftliche Standardsoftware (IBS) wird von immer mehr Mittel- und Großunternehmen weltweit eingesetzt. Durch die Integration und eine einheitliche Benutzeroberfläche bietet diese Software vielen Unternehmen Vorteile und Einsatzmöglichkeiten, die zu neuen Organisationsformen, der Erschließung neuer Märkte und eine Vernetzung mit den Marktpartner führt, die bisher aufgrund der Komplexität und unterschiedlichen Schnittstellen nicht oder nur teilweise möglich waren. Die Voraussetzungen, um diese Vorteile auch generieren zu können, stellen jedoch viele Unternehmen vor große Herausforderungen, denn die Implementierung und Nutzung von Standardanwendungssoftware kann zu Auswirkungen führen, die das ganze Unternehmen betreffen. Viele großangelegte Veränderungsprozesse unter Einschluß von Informationstechnik sind fehlgeschlagen, die mit der Machbarkeit und Zuverlässigkeit der Standardsoftware nichts zu tun haben. Um integrierte betriebswirtschaftliche Standardsoftware effizient einzuführen, zu nutzen und auch anzupassen, müssen betriebswirtschaftliche, psychologische und organisatorische Aspekte im Unternehmen beachtet werden. Nur diese ganzheitliche Sicht auf die Organisation, deren Umwelt und die Standardanwendungssoftware führen auch zu dem gewünschten Ergebnis.

Ein anderer Aspekt betrifft die Zeit. Ein Einführungsprojekt dauert oft mehrere Monate bis weit über einem Jahr. Die notwendigen und gewünschten Anpassungen der Software wie auch der Organisation sind wahrscheinlich nie abgeschlossen. Die Entscheidungsträger müssen sich über den zeitlichen Horizont dieses Projekt im klaren sein, denn ein Abbrechen der Einführung und Anpassung der Organisation resultiert meist in einem Chaos, denn nur teilweise optimierte und integrierte Prozesse führen wieder gesamt gesehen zu einzelnen Insellösungen, die dem Unternehmen nicht die erhofften Vorteile bringen können.

Weiters zu beachten ist, daß sich die Umwelt eines Unternehmens in einem immer schneller werdenden Wandel befindet. Diese Veränderungen fordern eine flexible Organisation, um im Markt bestehen zu können. Da die Standardanwendungssoftware alle Bereiche in einem Unternehmen beeinflußt, ist auch sie gefordert, flexibel auf Veränderungen reagieren zu können. Diese Flexibilität ist jedoch aufgrund der Integration und der bei der Einführung definierten Abläufe der Geschäftsprozesse nicht so selbstverständlich.

Betroffen von den Auswirkungen einer Implementierung sind auch die Mitarbeiter in einem Unternehmen. Diese sollten die durch die Software ausgelösten Veränderungen verstehen und unterstützten, da sie als Anwender zu einem weiteren kritischen Faktor in einem Unternehmen führen können.

Dies sind nur einige Schwierigkeiten und Gefahren, die die Implementierung von integrierter betriebswirtschaftlicher Standardsoftware mit sich bringt. Obwohl die Abfolge dieser Punkte unter einem zeitlichen Aspekt geordnet werden kann, ist es nicht möglich, diese chronologisch zu sehen, sondern sie gehen vor- und rückwärts ineinander über. Um diese Auswirkungen richtig einschätzen zu können und diese Projekte erfolgreich durchzuführen, wird die Informationstechnik immer mehr zu einem strategischen Element.

An dieser Stelle möchte ich mich besonders bei den Interviewpartnern bedanken, die es mir ermöglichten, den von mir als so wichtig betrachteten Praxisbezug in meiner Diplomarbeit herzustellen.

Zielsetzung der Arbeit

Diese Arbeit richtet sich an alle Führungskräfte, Informatiker, Mitarbeiter und Studenten, die sich mit den Schwierigkeiten und Gefahren (siehe Vorwort) der Implementierung und Nutzung integrierter betriebswirtschaftlicher Standardsoftware auseinandersetzen müssen.

Sie sollte als eine Orientierungshilfe bei der Frage dienen, was für organisationsgestaltende Aus- und Wechselwirkungen die Einführung sowie Verwendung von Standardanwendungssoftware hat und wie sich Unternehmen auf diese Veränderungen vorbereiten können, damit unerwartete Überraschungen ausbleiben. Diese Orientierungshilfe sollte als Überblick verstanden werden, da aufgrund der Komplexität des Themas nicht allzu tief auf die einzelnen Folgen eingegangen werden kann.

Mit dieser Arbeit sollen folgende Ziele erreicht werden:

- Beschreibung von Integration und Standardsoftware, um die Funktionsweise integrierter betriebswirtschaftlicher Standardsoftware verstehen zu können

- Aufzeigen der Auswirkungen auf die Strategie eines Unternehmens

- Auf die Frage der Notwendigkeit eines Business Process Reengineering (BPR) einzugehen

- Der Einfluß auf die Organisationsstruktur

- Erklären der Anpassungsmöglichkeiten der Standardanwendungssoftware an das Unternehmen

- Bezug zwischen Wandel und Standardsoftware herstellen

- Visionen der Organisation der Zukunft beschreiben

- Vernetzung als Wettbewerbsvorteil

- Die Rolle Organisationskultur aufzeigen

- Der Hinweis auf die Mitarbeiter als kritische Faktoren

Methodik

Das Interesse an integrierter betriebswirtschaftlicher Standardsoftware stand im Mittelpunkt der Entscheidung, sich mit diesem Thema näher auseinander zu setzen. Die Arbeit wurde zuerst aus Sicht der Wirtschaftsinformatik beleuchtet. Während des Literaturstudiums rückten die Auswirkungen einer integrierten Standardsoftware Implementierung immer mehr in den Mittelpunkt meines Interesses. Diese Veränderungen betreffen das Unternehmen als Ganzes, sprich die Einführung hat Konsequenzen auf die Strategie, die Struktur, die Kultur und auf die Mitglieder eines Unternehmens. Diese ganzheitliche Sichtweise ist aufgrund der Integration notwendig, um derartige Projekte effizient durchzuführen.

Im Zuge meiner Recherchen kam ich zu der Ansicht, daß neben den theoretischen Grundlagen ein Praxisbezug notwendig ist, da durch die Aktualität des Themas keine Erfahrungen in diesem Bereich vorliegen.

Um die Problematik aus mehreren Sichtweisen aufzuzeigen, kontaktierte ich Hersteller von integrierten Standardanwendungen, Unternehmensberater, die während einer Implementierung tätig sind und Unternehmen, die diese Softwareprodukte verwenden.

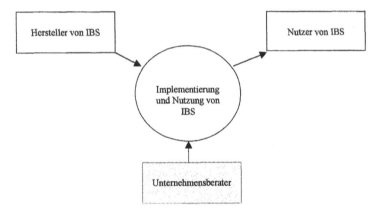

Abb. 1 Drei Sichtweisen

Die Auswahl bei den Herstellern von IBS viel auf die drei Marktführer in diesem Markt: das Unternehmen SAP, das Softwarehaus Oracle und die Unternehmung BAAN.

Die Anwender von integrierter betriebswirtschaftlicher Standardsoftware wurden aufgrund ihrer verwendeten Software ausgesucht. Das Unternehmen Hilti wechselte von SAP auf Oracle und war deshalb für meine Arbeit sehr interessant. SAP wird von den Unternehmen Tyrolit Schleifmittelerzeugung Swarovski und der Firma Zumtobel Staff AG verwendet. Die

Unternehmensberater, wie Andersen Consulting, IMG AG, Diepold und Herr Dr. Kainz wurden aufgrund ihrer Erfahrung mit mehreren Softwareprodukten ausgewählt. Die Interviews bestanden aus offenen Fragen und es entwickelten sich daraus meist längere Gespräche.

Die aktuelle Literatur wurde mit den Aussagen der Interviewpartner verglichen und daraus resultieren mehrere Abweichungen. Diese können folgende Gründe haben:

- Die Theorie ist nicht oder nur teilweise in der Praxis anwendbar.

- Die Unternehmen, vor allem die Software Hersteller, wollen die Funktionalität ihrer Produkte besser darstellen, als sie tatsächlich sind, bzw. wie sie in der Praxis verwendet werden.

- Die bisher abgeschlossenen Projekte wurden anders als in der Theorie durchgeführt und die Vorgehensmodelle der Unternehmen werden nicht verändert.

Aus diesen Abweichungen ist ersichtlich, daß die theoretische Modelle im Bereich der Einführung und Nutzung die Gefahren und Vorteile von IBS aufzeigen, die Unternehmen in der Praxis diese aber nicht zu nützen vermögen.

Aufbau und Vorgehensweise

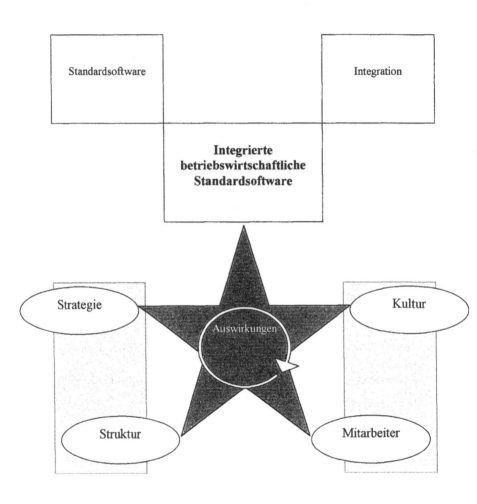

Abb. 2 Aufbau der Arbeit

Ziel des ersten Teils ist es, dem Leser eine Einführung in die Bereiche Standardsoftware und Integration zu verschaffen. Es werden die Kennzeichen und Typen dieser Bereiche diskutiert und folglich zusammengefaßt zum Begriff der integrierten betriebswirtschaftlichen Standardsoftware.

Im zweiten Teil der Arbeit wird auf die Auswirkungen von Standardanwendungssoftware näher eingegangen, wobei der Aufbau nach den zeitlichen Projektphasen der Systemplanung strukturiert ist. Dieser Teil ist daher untergliedert in die Phasen vor und während der Implementierung und die Phase der Systemnutzung. Die Unterteilungen sind aber nicht kontinuierlich aufgebaut, sondern beeinflussen einander. Wie in der Abbildung 1 dargestellt, hat eine Änderung der Technologie (hier integrierte betriebswirtschaftliche Standardsoftware) Auswirkungen auf die Strategie, die Kultur, die Struktur sowie auf die Mitarbeiter und diese Konsequenzen sind als Zirkularitäten zu sehen, die voneinander abhängig sind.

In der Phase vor und während der Implementierung wird zuerst die Wechselwirkung zwischen der Strategie eines Unternehmens und den Informationstechnologien erläutert.

Anschließend wird auf die Frage eingegangen, ob ein Business Process Reengineering als Voraussetzung für eine erfolgreiche Einführung notwendig ist. Zudem wird auf die Rolle der Software während eines BPR hingewiesen.

Als dritter Punkt wird der Einfluß von integrierter betriebswirtschaftlicher Standardsoftware auf die Struktur eines Unternehmens untersucht. Infolge dessen wird viertens versucht, die Anpassungsmöglichkeiten der Software an das Unternehmen aufzuzeigen.

In der Phase der Systemnutzung wird zuerst auf den Wandel von Organisationen aufgrund der dynamischen Umwelt eingegangen und der Einfluß von IBS auf diese stetigen Veränderungen untersucht.

Anschließend wird aufgrund des Einflusses von Informationstechnologien und der Vorteile von integrierter betriebswirtschaftlicher Standardsoftware die Organisation der Zukunft dargestellt. Dieser Punkt ist die Voraussetzung des nächsten Kapitels, indem die Frage beantwortet werden sollte, ob die Vernetzung von Unternehmen aufgrund oder mit Hilfe von IBS zustande kommt und ob diese Vernetzung als Notwendigkeit für Wettbewerbsvorteile und ein Überleben der Organisation dient.

Als letztes wird auf die sozialen Konsequenzen einer Einführung bzw. Nutzung von Standardanwendungssoftware eingegangen, da eine Änderung der Technologie Auswirkungen auf die Strategie sowie Struktur und somit auch auf die Organisationskultur hat. Abschließend wird aufgezeigt, daß integrierte betriebswirtschaftliche Standardsoftware eine Herausforderung für alle Mitglieder eines Unternehmens ist und folglich für das Unternehmen als Ganzes.

Dieser Überblick läßt die Komplexität des Themas erkennen und deshalb können im Rahmen dieser Arbeit nicht alle Aspekte vollständig behandelt werden.

1. Integrierte betriebswirtschaftliche Standardsoftware

A Integrierte betriebswirtschaftliche Standardsoftware

Für die meisten Unternehmensbereiche wurden bereits in der Vergangenheit leistungsfähige Softwareprodukte angeboten. Diese einzelnen Softwarelösungen in den Bereichen Personalwirtschaft, Finanz, Einkauf sowie Produktion und Vertrieb führten jedoch aufgrund ihrer Unabhängigkeit zu Insellösungen und redundanten Datenbeständen. Dieses Problem wurde durch eine Integration der einzelnen Lösungen zu einer leistungsfähigen Standardsoftware behoben. Dadurch resultieren Vorteile wie schnelle Verfügbarkeit eines komplexen Informationssystems, geringere Kosten und die Möglichkeit, betriebswirtschaftliches Know-how einzukaufen und dieses durch ein integriertes Informationssystem umzusetzen.

In den folgenden Abschnitten werden die Kennzeichen und Funktionsweisen von Standardsoftware und Integration näher erläutert. Dies führt zu einer Beschreibung von integrierter betriebswirtschaftlicher Standardsoftware (IBS).

1 Kennzeichen von Standardsoftware

Standardsoftware ist durch eine Reihe von Kriterien, die diese Produkte von anderer Software unterscheiden, gekennzeichnet.

- *Branchenneutralität und Anpassungsfähigkeit:*

Standardsoftware kann in unterschiedlichen Organisationsstrukturen weitgehend hardware- und betriebssystemunabhängig verwendet und folglich in mehreren Unternehmen verschiedenster Branchen produktiv eingesetzt werden.[1]

Um diese Flexibilität und den Einsetzbarkeit in unterschiedlichen Unternehmen zu ermöglichen, wird bei der Entwicklung von Standardsoftware nach folgenden Strategien vorgegangen:

- Parametertabellen ermöglichen dem Anwender die Software an seine individuellen Bedürfnisse anzupassen.

- Durch Modularisierung der Software können unterschiedliche Einsatzbereiche abgedeckt und diese in der jeweils besten Reihenfolge eingeführt werden.

- Im Bereich der Standardabläufe der Unternehmen kann der Entwickler eine organisatorische Änderungsbereitschaft der zukünftigen Anwender voraussetzen.

---

[1] Vgl. Barbitsch, C. E.: (1996), S. 10.

- Für notwendige Modifikationen und individuelle Anpassungen werden geeignete Werkzeuge in der Standardsoftware integriert.

Ergänzend bieten die Softwarehersteller Branchenspezifika, z. B. in der Automobilindustrie, an, die als eigene Module mit den branchenunabhängigen kombinierbar sind.[2]

• *Internationalität*:

Ein besonderes Kennzeichen einer Standardanwendungssoftware ist die durch die Mehrsprachigkeit, die Berücksichtigung gesetzlicher Regelungen verschiedener Länder und die Mehrwährungsfähigkeit gegebene Internationalität und folglich die Möglichkeit zur Verwendung eines Softwareproduktes in einem internationalem Konzern.

• *Funktionalität*

Durch definierte Einsatzbereiche der Standardanwendungssoftware können zwar umfangreiche, aber nur vorgesehene betriebliche Aufgaben mit Unterstützung der Software bearbeitet werden.

Hier unterscheiden sich Standardanwendungssoftware von Endbenutzerwerkzeugen, wie z. B. Textverarbeitungs- und Tabellenkalkulationsprogrammen, da letztere einen weiten Anwendungsbereich haben und flexibel für unterschiedliche Probleme eingesetzt werden können.

• *Implementierungszahlen*

Ein Kennzeichen von Standardsoftware ist die Implementierung in mehreren Unternehmen, wobei niedrige Implementierungszahlen (zwischen einer und fünf Installationen) auf eine modifizierte Individuallösung deuten, die als einzelne Lösung entwickelt und aus Amortisationsgründen in mehreren Unternehmen eingeführt wurde.

Integrierte betriebswirtschaftliche Standardsoftware kann das gesamte Unternehmen abdecken und aufgrund dieser Komplexität kommt der Integration des Informationssystems eine besondere Bedeutung zu. Im nächsten Abschnitt wird auf dieses wesentliche Merkmal besonders eingegangen.

---

[2] ebd.: S. 10.

2   Integration

Ein entscheidender Vorteil einer IBS gegenüber einzelner Softwarelösungen ist die integrierte Architektur, durch die die Aktualität der Informationen, eine redundanzfreie Datenhaltung, eine bessere Kommunikation und eine einheitliche Bedieneroberfläche gewährleistet sind. Die Integration ist die Grundlage für den Aufbau von Wettbewerbspositionen durch die Informationstechnik, von der Durchlaufgeschwindigkeit von Aufträgen über die Globalisierung von Dienstleistungen bis zum Informationsvorsprung bei Entscheidungen.[3]

Abbildung 2 zeigt die Ausprägungen der Integrierten Informationsverarbeitung und anschließend werden die einzelnen Positionen dieser Abbildung näher beschrieben.

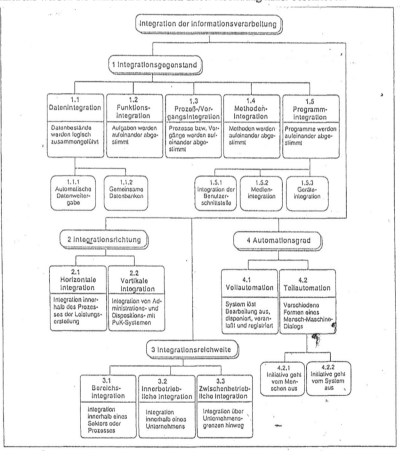

Abb. 3 Ausprägungen der Integrierten Informationsverarbeitung
Quelle: Mertens P.; 1997; S. 2

---

[3] Vgl. Österle, H.: (1990), S. 17.

2.1 Integrationstypen

Die verschiedenen Gegenstände einer Integration der Informationsverarbeitung können Daten, Funktionen, Prozesse/Vorgänge, Methoden und Programme sein.[4]

- *Datenintegration* – logisches zusammenführen von Daten

    Mindestens zwei Programme müssen so aufeinander abgestimmt sein, daß Daten automatisch übergeben und vom datenempfangenden Programm ordnungsgemäß interpretiert werden können.

    Das Ziel der Datenintegration ist, durch eine gemeinsame Datenbasis, Informationen, die an einer Stelle einer Ablaufkette anfallen und in der Datenbasis abgespeichert werden, anderen Informationssystemen auch über die Bereichsgrenzen der einzelnen Unternehmensabteilungen hinweg zur Verfügung zu stellen und um damit unnötige Redundanzen zu vermeiden.

- *Funktionsintegration*

    Die Integration von Funktionen bedeutet aus Sicht des Anwenders, daß er zur Erledigung vorgegebener Aufgaben eine minimale Anzahl von Funktionen des Computers benötigt. Oder mit anderen Worten ausgedrückt, daß durch die Integration Funktionen informationstechnisch miteinander verknüpft werden.

    Die Funktionsintegration kann zwei verschiedene Ausprägungen annehmen. Auf der einen Seite ist es möglich, daß von zwei miteinander zu integrierenden Funktionen die erste die zweite steuert, zum anderen ist eine Verbindung möglich, bei der beide Funktionen durch eine neue Funktion ersetzt werden, die alle Aufgaben der beiden ursprünglichen beinhaltet.[5]

- *Prozeß-/Vorgangsintegration*

    Einzelne Prozesse bzw. Vorgänge werden miteinander verbunden.

- *Methodenintegration*

    Die benutzten Methoden sind zu kombinieren und als „Paket" zu sehen.

- *Programmintegration*

    Diese Art der Integration stellt auf die Abstimmung der einzelnen Programme (Module) im Rahmen eines integrierten Systems ab. Die Programme werden dabei als

---

[4] Vgl. Mertens P.: (1997), S. 1.
[5] Vgl. Österle, H.: (1990), S. 85.

Softwarebausteine gesehen. Im Gegensatz zu der Funktions- bzw. Prozeß-/Vorgehensintegration, die das fachlich-inhaltliche Geschehen im Unternehmen abbildet, ist das Ziel der Programmintegration die informationsverarbeitende-technische Realisierung der verschiedenen Komponenten.

Besondere Rücksichtnahme bei der Programmintegration ist auf die Laufreihenfolge der einzelnen Module zu nehmen, da die Mehrfachnutzung der Teilfunktionen der unterschiedlichen Programme zu Redundanzen führen kann. Parallel dazu ist die Lauffähigkeit der einzelnen Programme zu sehen, da durch die Integration das eine Programm als Datengrundlage für das folgende dienen kann.

2.2   Die Integrationsrichtung

Die Pyramide der Abbildung 3 stellt das Gesamtkonzept der „Integrierten Informationsverarbeitung" dar. Diese zeigt die Aufbauorganisation eines Unternehmens und aufgrund der Integrationsrichtung kann zwischen horizontaler und vertikaler Integration unterschieden werden.

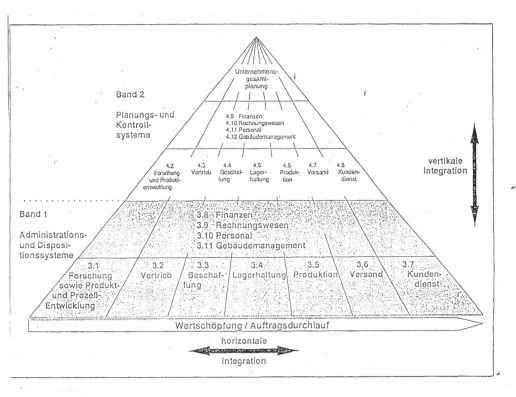

Abb. 4 Gesamtkonzept der Integrierten Informationsverarbeitung
Quelle: Mertens P.; 1997; S. 6

- *Horizontale Integration*

Diese Integrationsrichtung bezieht sich vor allem auf die Verbindung der Teilsysteme in der betrieblichen Wertschöpfungskette. Als Grundlage können hier z. B. die Abwicklung von Kundenaufträgen, mit der Angebotsbearbeitung beginnend bis zur Verbuchung der Kundenzahlung, herangezogen und in der IBS abgebildet werden.

- *Vertikale Integration*

Aufbauend auf die horizontalen Integration ist bei dieser Integrationsrichtung die Datenversorgung der Planungs- und Kontrollsysteme zu berücksichtigen. Die darin ablaufenden Prozesse sind informationelle, z. B. die Datenversorgung von Führungskräften auf verschiedenen Ebenen mit zunehmend verdichteten Informationen.

- *Diagonale Integration*

Umfassende Integrationsmaßnahmen zielen gleichzeitig in beide Dimensionen. Die Folge ist die diagonale Integration, bei der die in Fertigungsbereichen üblichen Grenzen zwischen dem Büro- und Verwaltungsbereich einerseits und dem Produktionsbereich anderseits aufgehoben werden.[6]

2.3 Die Integrationsreichweite

Die Integrationsreichweite läßt sich in die Bereichsintegration, die Innerbetriebliche Integration und die Zwischenbetriebliche Integration unterscheiden.

- Die Bereichsintegration umfaßt Daten-, Funktions- und Prozeßintegration innerhalb eines Unternehmenssektor oder –prozesses.

- Die bereichs- und prozeßübergreifende Verbindung IN einem Unternehmen wird als Innerbetriebliche Integration bezeichnet.

- Als Zwischenbetriebliche Integration wird verstanden, wenn mindestens zwei aufeinander abgestimmte Unternehmen Daten in maschinell lesbarer Form austauschen.

2.4 Der Automationsgrad

Integration wird nach dem Automationsgrad in vollautomatische und teilautomatische Verkettung von Modulen unterteilt.

- Von einer vollautomatischen Verkettung wird ausgegangen, wenn z.B. bei Soll-Ist-Abweichungen eine Diagnose erstellt wird und selbständig eine geeignete Abhilfemaßnahme veranlaßt wird.

- Die teilautomatische Lösung ist ein Dialog zwischen Mensch und Maschine, wobei unterschieden werden muß, wer die Aktion auslöst („triggert"):

  - In den meisten Fällen der teilautomatischen Verkettungen wird durch eine Benutzersteuerung aktiv von einem Menschen (Disponent) eingegriffen.

---

[6] Vgl. Heinrich, L. J.: (1994), S. 165.

- Bei der Aktionsorientierten Datenverarbeitung (AODV) gibt das Informationssystem den Anstoß, daß der Disponent korrigierend eingreifen soll.[7]

2.5   Ziele der Integration

Aus Sicht des Unternehmens wird versucht, die gesamten Potentiale der Integration zu realisieren. Diese Ziele beinhalten eine Verminderung der Eingaben und deren Fehlern sowie eine Vermeidung von Datenredundanz.

Die künstlichen Grenzen zwischen Abteilungen, Funktionsbereichen und Prozessen werden durch die Integration in ihrer negativen Auswirkung zurückgedrängt. Der Informationsfluß wird dadurch ein natürliches Abbild der tatsächlichen Geschäftsprozesse im Unternehmen.

Durch die Integrationsreichweite ergeben sich neben einem geringeren Bedarf an Mitarbeitern auch noch Vorteile gegenüber Konkurrenten, da durch eine zwischenbetriebliche Integration die Vernetzung mit Marktpartner intensiviert wird.

Durch die einheitliche Datennutzung vermindert sich auch die Gefahr von Erfassungs- bzw. Eingabefehlern und folglich lassen sich moderne betriebswirtschaftliche Konzeptionen aus den bereits erfaßten Daten realisieren. Falls dennoch inkorrekte Daten gespeichert wurden, lassen sich diese mit großer Wahrscheinlichkeit leichter entdecken, da diese Daten vielfach verwendet werden.

Eine weitere Fehlerquelle im betrieblichen Geschehen verliert bei der Integration an Bedeutung. Durch festgelegte und automatisierte Prozeßketten können einzelne Vorgänge und Anweisungen nicht vergessen werden.

3   Definition integrierte betriebswirtschaftliche Standardsoftware

Abschließend kann unter Berücksichtigung der oben erwähnten Kennzeichen integrierte betriebswirtschaftliche Standardsoftware wie folgt definiert werden:

Eine integrierte betriebswirtschaftliche Standardsoftware besteht aus einer Menge von Programmen, die für den Einsatz in Organisationen entwickelt wurden und genau definierte betriebswirtschaftliche Aufgaben unterstützen. Eine IBS kann durch mehrere Module und Parameter an individuelle Bedürfnisse einer Organisation angepaßt werden. Alle

---

[7] Vgl. Mertens P.: (1997), S. 8.

Komponenten einer IBS sind im Sinne der integrierten Informationsverarbeitung miteinander verbunden und bilden so ein ganzheitliches Informationssystem.[8]

---

[8] Vgl. Barbitsch, C. E.: (1996), S. 13.

2. Auswirkungen des Einsatzes von integrierter betriebswirtschaftlicher Standardsoftware

B Auswirkungen des Einsatzes von integrierter betriebswirtschaftlicher Standardsoftware

Die Entscheidung für eine IBS hat mehrere organisatorische und soziale Konsequenzen auf ein Unternehmen. Im folgenden Kapitel wird auf diese Auswirkungen in der zeitlichen Reihenfolge der Systemplanung näher eingegangen.

1 Phase vor und während der Implementierung

Unternehmensgestaltende Auswirkungen der integrierten Standardsoftware treten bereits vor der Phase der Einführung auf. Da die Informationsverarbeitung in vielen Unternehmen noch durch Eigenentwicklungen, Großrechneranlagen und einzelnen Insellösungen gekennzeichnet ist, stellt der Einsatz einer IBS eine Chance, aber auch ein Risiko für jedes Unternehmen dar. In den folgenden Abschnitten werden die Voraussetzungen und die Folgen der Entscheidung einer Einführung von integrierter betriebswirtschaftlicher Standardsoftware untersucht.

1.1 Wechselwirkung zwischen der Strategie und den Informationstechnologien

In diesem Kapitel wird versucht, den Zusammenhang zwischen der Strategie eines Unternehmens und den Einfluß der modernen Informationstechnologie näher zu untersuchen.

In einem ersten Schritt wird der Begriff Strategie näher konkretisiert und darauf aufbauend das Verhältnis von IBS auf die Strategie eines Unternehmens und umgekehrt untersucht.

1.1.1 Strategie eines Unternehmens

Als grundlegender Orientierungspunkt für alle durchzuführenden Handlungen dient die Vision. In ihr wird beschrieben, wie das Unternehmen mittel- und langfristig aussehen soll. Dies wird erreicht, indem alle notwendigen durchzuführenden Handlungen beschrieben werden, um das Unternehmen in den gewünschten Zustand zu führen. Das alleinige Beschreiben einer Vision reicht aber nicht aus, um erfolgreich zu sein. Es ist deshalb notwendig, die Wege zu diesem Zustand aufzuzeigen. Dies geschieht durch die konkrete Formulierung der passenden Strategie.

Unter Strategie versteht Chandler „[...] das Setzen langfristiger Ziele sowie die Zuteilung vorhandener und erwarteter Ressourcen, die für die Erreichung der Organisationsziele wesentlich sind, sowie die Wahl geeigneter Maßnahmen"[9].

---

[9] Chandler: Zitiert aus: Kirsch, W.: (1979), S. 163.

Heinrich definiert Strategie als „[...]die Planung und Durchführung einer Vorgehensweise im großen Rahmen[...]"[10].

Durch die Strategie soll das Unternehmen auf zukünftige Erfolgspotentiale[11] ausgerichtet werden, wobei sie aber nur ein Instrument des strategischen Managements ist. Mit Hilfe der Strategien werden aber keine Details über die notwendigen Maßnahmen beschrieben, sondern es wird nur die grundlegende Richtung festgelegt, an der sich die Detailplanung orientieren muß.

Das Ziel des strategischen Managements ist demnach der Aufbau, die Pflege und die Nutzung von Erfolgspotentialen sowie die langfristige Sicherung der Lebensfähigkeit eines Unternehmens, wobei nicht nur die rational-ökonomischen Überlegungen, sondern auch die soziologischen und sozialen Komponenten berücksichtigt werden. Folglich erhält das operative Management dadurch die notwendigen Bewegungs- und Effinzienzspielräume.[12]

Ein wichtiger Aspekt des strategischen Managements ist die Steuerung von Innovationen. Durch diese Steuerung ist die Verbindung zum BPR gegeben. Es ist die Aufgabe des strategischen Managements diese Innovationsprojekte gezielt zu veranlassen und dadurch das BPR nicht nur im Krisenfall einzusetzen, sondern es vielmehr als Umsetzung der vom strategischen Management angestoßenen Innovationen zu nutzen. Folglich ist die Strategie mit dem Ziel der Entwicklung und Erhaltung von Erfolgspotentialen eine der Rechtfertigungen und Ausgangsbasen für die einzelnen Aktivitäten zur Reorganisation von Geschäftsprozessen.

1.1.2   Unternehmensstrategie als Basis für die Informationssystemstrategie

Aufbauend auf die oberen Kriterien einer Unternehmensstrategie wird eine Strategie der Informationssysteme unumgänglich, denn von der strategischen Gesamtplanung und der Definition der Geschäftseinheiten hängt es ab, welcher Informationstechnologieeinsatz notwendig ist. Dadurch wird versucht, eine langfristige und ganzheitliche Sichtweise auf die Informationssysteme im Unternehmen zu gewährleisten, um die Entwicklung gezielt planen und steuern zu können.

Thormählen von dem Beratungshaus IMG AG sieht eine Veränderung der Beziehung zwischen der Unternehmensstrategie und der Informationstechnologie. Im Gegensatz zu früher, als die möglichen Modifikationen schwerer durchführbar waren, werden heute die Bedingungen und notwendigen Anforderungen an die Software vom Top-Management

---

[10] Heinrich, L. J.: (1994), S. 372.
[11] Erfolgspotentiale sind materielle oder immaterielle Fähigkeiten einer Unternehmung, die die langfristige Sicherung des Unternehmenserfolgs gewährleisten. Vgl. Nawatzki, J.: (1994), S. 52.

formuliert und dieser Auftrag wird in der IBS abgebildet. Demnach hat der Einfluß der Strategie auf die Informationstechnologie zugenommen.[13]

Steiner, SAP R/3 Betreuer bei dem Unternehmen Zumtobel Staff AG, Dornbirn, sieht Entscheidungen im Bereich Informationstechnologie immer als eine Folge der Strategie. Dies zeigt sich unter anderem darin, daß bei Zumtobel Staff AG der Vorstand im Bereich Informationstechnologie als der verantwortliche Entscheidungsträger auftritt. Steiner unterscheidet drei Bereiche: Die Führung, die Abstimmung mit der Organisation und schlußendlich die Informationstechnologie. Daraus läßt sich erkennen, daß die Informationstechnologie keinen direkten Einfluß auf die Strategie hat, sondern immer nur als Unterstützung dieser dienen kann.[14]

Bissuty, Unternehmensberaterin im Bereich Organisation und Technik bei dem Unternehmen Diepold, Wien, sieht auch keine Rückkopplung von den Informationssystemen auf die Strategie. Ihrer Meinung nach besteht eine Wechselwirkung zwischen der Organisation und den Informationssystemen, jedoch keinen Einfluß von diesen auf die Strategie.

Abb. 5 Zusammenhang von Strategie und Informationssystemen
Quelle: Grafik Firma Diepold[15]

Zusammenfassend kann gesagt werden, daß ein starker Einfluß der Strategie des Unternehmens auf die Gestaltung der Informationssysteme ausgeübt wird. Die Softwarehersteller, Unternehmensberater und Anwender sind der Meinung, daß sich dieses Verhältnis auch nicht ändern wird und die Strategie eines Unternehmens immer unangetastet bleiben wird.

Im folgenden Abschnitt wird versucht, aufzuzeigen, daß die Informationssysteme, vor allem die IBS, doch immer mehr Einfluß auf die Strategie ausüben werden.

---

[12] Vgl. Barbitsch, C. E.: (1996), S. 68.
[13] Interview mit Herrn Thormählen: IMG AG, St. Gallen, (19.April 1999).
[14] Interview mit Herrn Steiner: Firma Zumtobel Staff AG, Dornbirn, (20. April 1999).
[15] Interview mit Frau Bissuty: Diebold, Wien, 23. Oktober 1998.

1.1.3   Der Einfluß der modernen Informationstechnologie auf die Strategie

Der Einsatz von IBS hat natürlich auch Konsequenzen auf die Unternehmensstrategie. Zur Schlüsselkomponente wird die wettbewerbsorientierte Nutzung von Informationsvorsprüngen und Informationstechnologien, wobei die Erkennung und Festigung der informationstechnischen Stärken und die Beseitigung von Schwächen einen großen Einfluß ausübt. Durch die Integration und die Standardisierung ergeben sich Informationsvorsprünge, die eine Anpassung der Unternehmensstrategie an die Marktbedingungen erleichtern. Dies kennzeichnet sich auch durch zusätzliche Verbesserungspotentiale bei den Arbeitsabläufen, die durch IBS unter Umständen genutzt werden können.

Weiters findet die Informationstechnologie generell bei der Suche und Schaffung neuer Erfolgspotentiale durch das strategische Management Berücksichtigung, da durch den Einsatz von IBS neue Prozesse, Produkte und Technologien entstehen können.

Der Einsatz moderner Informations- und Kommunikationstechniken in Unternehmen gewinnt zunehmend an strategischer Bedeutung, denn dadurch wird es möglich Produkte, Verfahren, Unternehmen und Branchen zu verändern. Während früher die modernen Informationstechnologien rein organisatorisch in den Bereich der EDV-Abteilungen fielen, ist es bereits heute als strategische Aufgabe anzusehen die Konsequenzen, Auswirkungen und Nutzen von integrierter betriebswirtschaftlicher Standardsoftware zu managen und daraus dauerhafte und substantielle Wettbewerbsvorteile zu schaffen.

Eine weitere Unterstützung der Unternehmensstrategie ist durch die völlige Vernetzung gegeben. Als Folge der Integration ergibt sich eine Zwei-Wege-Kommunikation (top-down und bottom-up) durch vertikale Verknüpfung. Dadurch soll die organisatorische Effizienz als Ganzes gesteigert werden, ihre Reaktionsträgheit abgebaut und ihre Struktur flexibler gestaltet werden.[16]

Wie unter Punkt 2.3 noch näher erläutert wird, beeinflußt die IBS nicht nur die interne Arbeitsweise von Unternehmen, sondern auch die Beziehungen zu Lieferanten, Kunden und Konkurrenten. Diese Vernetzung mit anderen Unternehmen hat ebenfalls einen Einfluß auf die Unternehmensstrategie.

Zusammenfassend kann festgestellt werden, daß die Strategie eines Unternehmens langfristig als dynamisch angesehen werden sollte. Der Einfluß bzw. die Wechselwirkungen zwischen den Informationstechnologien und der Strategie ist vorhanden und sollte als Chance genutzt werden. Der Umgang mit den aus der IBS gelieferten Informationen, die aufgrund der vertikalen Integration vor allem den Planungs- und Kontrollsystemen dienen, wird zum

Schlüsselkriterium für die Unternehmen und gerade dadurch wird die Wettbewerbsfähigkeit beeinflußt.

1.1.4 Informationsmanagement und die Informationsstrategie eines Unternehmens

Das Informationsmanagement beinhaltet die bedarfsgerechte Versorgung mit Informationen unter organisatorischen, technischen, personellen und wirtschaftlichen Aspekten.

Die Aufgaben des Informationsmanagements sind die Gestaltung und Steuerung von Informationstechnologien im Unternehmen. Der damit verbundene strategische Anspruch impliziert den Aufbau einer Informationsstrategie, die die Grundlage für die Ermittlung der Aufgaben darstellt.

1.1.4.1 Informationsstrategie

Die Grundlage für die Aufgaben des Informationsmanagements bildet die Formulierung der Informationsstrategie, die ein Maßnahmenprogramm zur Entwicklung, Erhaltung und Nutzung von Informationen als Erfolgspotentiale darstellt. Die Informationstechnologie ist dagegen als ein Erfolgsfaktor zu verstehen, dessen Ausgestaltung im Rahmen des Informationsmanagements das Erfolgspotential herausbildet.

Der Zusammenhang zwischen der Informationsstrategie und der Unternehmensstrategie besteht darin, daß die Informationsstrategie in Abstimmung mit der Unternehmensstrategie zu entwickeln ist und die Erfolgsposition sowie die Informationsintensität der Unternehmung berücksichtigt werden muß. Das grundlegende Prinzip dabei ist, daß allgemeine unternehmensstrategische Ziele Priorität gegenüber der Technologie haben, die zur Erreichung derartiger Ziele genutzt werden.

Zu beachten ist weiterhin, daß die organisatorischen, technischen, personellen und wirtschaftlichen Stoßrichtungen der Informationsstrategie sowohl intern als auch untereinander abgestimmt sein sollten.[17]

Die Unternehmung steht vor der Aufgabe, die eingesetzte und einsetzbare Informationstechnologie auf der Grundlage der Unternehmensstrategie in ihre internen und externen Aktivitäten einzubinden. Diese Aufgabe wird dem Informationsmanagement zugeordnet, das als organisatorische Reaktion der Unternehmen auf die neuen Informationstechnologien angesehen werden kann.

---

[16] Vgl. Hanker, J.: (1990), S. 26.
[17] Vgl. Pfeiffer, P.: (1990), S. 165.

Zusammenfassend kann Informationsmanagement beschrieben werden als alle Aufgaben und Methoden der Planung, Steuerung, Kontrolle und Organisation technisch unterstützter und unterstützbarer Information und Kommunikation im Unternehmen.[18]

Dies impliziert eine gewisse Aktivität im Informationsverhalten, um diese Anforderungen zu erfüllen, was aber wiederum nicht dazu führen darf, daß eine Informationsüberflutung eintritt und somit die Trennung zwischen wichtigen und unwichtigen Informationen nicht mehr möglich ist. Die Erzielung von Informations- und Differenzierungsvorsprüngen und deren Ausnutzung zur Erreichung von Wettbewerbsvorteilen ist der Zweck des Informationsmanagements. Doch nur wenn das Informationsmanagement über eine rein informationstechnische Konzeption hinausgeht, sind diese Ziele erreichbar.[19]

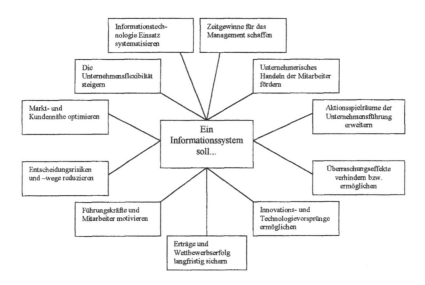

Abb. 6 Ziele eines mehrdimensionalen Informationsmanagements
Quelle: Rüttler, M.; Reutlingen, 1991, S. 194.

Anhand der Abbildung läßt sich erkennen, daß die Ressource Information für eine zukunftsichere Organisation immer mehr an Bedeutung gewinnt und es eine zentrale Managementaufgabe wird, diese Ressource zu planen, verwalten und zu pflegen.

---

[18] Vgl. Krüger, W./Pfeiffer, P.: (1988), S. 7.
[19] Vgl. Rüttler, M.: (1991), S. 192.

1.1.4.2   Einführung eines Informationsmanagements durch die Erweiterung des strategischen Managements

Soll das Informationsmanagement eine wirksame Bereicherung der Unternehmensführung werden, so muß es frühzeitig und pragmatisch eingeführt werden. Die zu stellende Frage ist hierbei nicht, ob eine Unternehmung ein Informationsmanagement benötigt, sondern wie und wie schnell das Informationsmanagement seine Aufgaben erledigen kann.

Die Einordnung des Informationsmanagements im Rahmen des strategischen Managements ist in folgender Grafik anschaulich dargestellt:

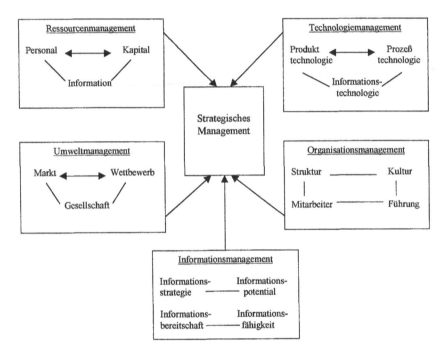

Abb. 7 Erweiterung des strategischen Managements um das Informationsmanagement
Quelle: Rüttler, M.; Reutlingen, 1991, S. 204

Ein effektiver Einsatz von Informationstechnologien muß somit auf den Zielen und den Strategien des Unternehmens aufbauen. Die Optimierung des betriebswirtschaftlichen Nutzens daraus entsteht durch die Reorganisation des organisatorischen Umfeldes und dem Einsatz modernster Informationstechnik. Deshalb erfordert eine erfolgreiche Implementierung neuer Informationsverarbeitungssysteme auch die Bereitschaft zum organisatorischen Wandel (siehe dazu auch Kapitel 2.1). Dabei sind allerdings Unternehmensorganisation und Informationsverarbeitungsorganisation keinesfalls gleichzusetzen, denn der zunehmenden Dezentralisierungstendenz in der Unternehmensführung stehen nicht auch dezentrale Datenverarbeitungsinsellösungen gegenüber, sondern eine weitgehende Integration der betrieblichen Informationssysteme. Diese IBS ermöglicht erst den Austausch von Informationen zwischen den Unternehmensbereichen und dadurch die Dezentralisierung der geschäftlichen Entscheidungen.

Das Informationsmanagement dient, wie aus der Abbildung 6 ersichtlich, vor allem der Unterstützung der strategischen Unternehmensführung für die Erreichung bzw. Realisierung von Strategien. Deshalb ist es wichtig, daß die Führungskräfte einer Unternehmung zunehmend ein Verständnis dafür bekommen, inwieweit durch einen gezielten Einsatz von integrierter betriebswirtschaftlicher Standardsoftware, die Ziele, die von Ihnen angestrebt werden, besser verfolgt und durch Maßnahmen erreicht werden können.

1.2   Das Verhältnis zwischen BPR und IBS

In diesem Kapitel soll die Frage geklärt werden, ob ein Business Process Reengineering für eine erfolgreiche Implementierung von integrierter betriebswirtschaftlicher Standardsoftware eine Voraussetzung ist oder ob die Einführung auch ohne organisatorische Änderungen durchgeführt werden kann.

Des weiteren soll die Rolle der Standardsoftware während eines BPR-Projekts erläutert werden.

Die Implementierung von integrierter betriebswirtschaftlicher Standardsoftware ist nicht nur eine technische Herausforderung, sondern vor der Anfangsphase einer Einführung steht das betriebswirtschaftliche Interesse im Vordergrund. Dies äußert sich in der Chance, daß durch eine Erneuerung alter Informationssysteme die Geschäftsprozesse des Unternehmens neu überdacht und geändert werden können. Nach Barbitsch resultiert der Nutzen einer Standardsoftware–Einführung primär aus der Reorganisation des Unternehmens. Diese Reorganisation wird mit Hilfe eines ein Business Process Reengineering durchgeführt.[20]

1.2.1   Wesen des Business Process Reengineerings

Da in den letzten Jahren in die meisten Märkte Bewegung gekommen ist, stehen viele Unternehmen vor veränderten Rahmenbedingungen und müssen darauf reagieren. Durch diese neuen Anforderungen ist die Organisation gezwungen, ihre gesamten Prozesse nach

---

[20] Vgl. Barbitsch, C. E.: (1996), S. V.

Stärken und Schwächen zu analysieren, neu zu überdenken und zu gestalten. Ein anderer Grund für eine Änderung der Abläufe kann die Entscheidung für eine Verwendung von integrierter betriebswirtschaftlicher Standardsoftware sein. Diese zwei Punkte sind nicht unabhängig voneinander zu sehen, denn durch die Implementierung von IBS besteht die Möglichkeit einer Neuorientierung des Unternehmens und zugleich der Vorteil, daß durch die teilweise vorgegebenen und verwendeten Funktionsmodellen betriebswirtschaftliches Know-how eingekauft wird.

Die Form der Neugestaltung der Prozesse wird als Business Process Reengineering bezeichnet.

Hammer und Champy verstehen unter einem Business Process Reengineering das „[...] Fundamentale Überdenken und das radikale Redesign von Unternehmen oder wesentlichen Unternehmensprozessen. Das Ergebnis müssen Verbesserungen um Größenordnungen sein."[21]

Business Reengineering bedeutet folglich die „Runderneuerung" des Unternehmens oder von Unternehmensteilen.

Der Grundgedanke des Business Process Reengineering ist die prozeßorientierte Betrachtung eines Unternehmens. Neben dieser Betrachtungsweise stehen viele Unternehmen zudem vor neuen Herausforderungen, um im härteren Wettbewerb bestehen zu können[22]:

-   Die Kerngeschäftsprozesse in Unternehmen müssen entscheidend verkürzt sowie Bearbeitungszeiten und Kosten gesenkt werden

-   Die individuellen Kundenanforderungen rücken in den Mittelpunkt, müssen aber trotzdem der Wirtschaftlichkeit von Massenprodukten entsprechen.

-   Auf Marktveränderungen sollte rasch reagiert werden können (siehe auch 2.1).

-   Innovationen müssen möglich und gefördert werden, vor allem ist dabei auf neue Technologien Rücksicht zu nehmen.

-   Rentable und strategisch wichtige Kunden sollen durch Serviceleistungen eng an das Unternehmen gebunden werden (siehe auch 2.1.4.1 und 2.3).

Das BPR soll nicht nur eine einmalige Verbesserung herbeiführen, sondern auch die Basis für stetige Veränderungen schaffen. Darauf aufbauend sollen kontinuierliche Verbesserungen durchgeführt werden können, da für eine optimale Organisation ständige Anpassungen

---

[21] Hammer, M./Champy, J.: (1994).
[22] Vgl. Barbitsch, C. E.: (1996), S. 17.

notwendig sind. Die Aufbau- und Ablauforganisation sollte daher flexibel gestaltet werden, was unter 2.1 noch näher erläutert wird.

In seiner ursprünglichen Form nimmt der radikale BPR–Ansatz keine Rücksicht auf bestehende oder geplante Informationssysteme. Die Durchführung eines Business Process Reengineerings und die Implementierung von Standardsoftware darf aber nicht isoliert voneinander betrachtet werden. Als einzige Lösung dieses Widerspruches bedarf es eines Kompromisses, bei dem der Nutzen des Business Process Reengineerings mit den Kosten für die Anpassung von Standardsoftware abgewogen werden muß.[23]

1.2.2   Geschäftsprozeßorientierte Betrachtung der Organisation

Die Organisationsstrukturen der meisten Unternehmen sind noch funktionsorientiert gestaltet, da sie auf den Grundideen Taylors basieren.[24] Diese sind durch folgende Merkmale gekennzeichnet:

- Starre Abgrenzung von Funktionsblöcken und Veranwortungsbereichen

- Hohe Arbeitsteilung

- Mehrere Hierarchiestufen

- Trennung von dispositiven und operativen Abläufen.

Diese tayloristische Gestaltung von Unternehmen führt zu mangelnder Flexibilität, einer aufwendigen Koordination von Einzelvorgängen und folglich zu zahlreichen Schnittstellen im Informationsfluß. Diese Nachteile resultieren aus der isolierten Betrachtung der einzelnen betriebswirtschaftlichen Funktionen, obwohl diese logisch und inhaltlich eng miteinander verknüpft sind.

Die Optimierung einzelner isolierter Funktionsbereiche führt in der Regel nicht zu einem Optimum der Gesamtabwicklung, da lediglich die einzelnen Aktivitäten eines Unternehmensbereichs verbessert wurden. Die Anforderungen vor- und nachgelagerter Bereiche werden nicht oder nur unzureichend berücksichtigt. Folglich müssen zur Koordination der Aktivitäten der einzelnen Bereiche im Sinne der Unternehmensgesamtaufgabe Informationen zwischen den Bereichen ausgetauscht, ausgeglichen und teilweise doppelt gespeichert und gepflegt werden. Diese Nachteile können durch die Geschäftsprozeßorientierung vermieden werden. Statt an einzelnen isoliert gesehenen Funktionen wird die Struktur eines Unternehmens nach Geschäftsprozessen strukturiert. Diese Geschäftsprozesse werden als eine „[...] Folge von Funktionen, die in einer

---

[23] Ebd: S. V.
[24] Vgl. Taylor, F. W.: (1913).

geeigneten Ablauflogik unter Zuhilfenahme der benötigten Daten von organisatorischen Einheiten so ausgeführt werden, daß eine übergeordnete Aufgabenstellung (bezogen auf bestimmte Objekte) komplett erfüllt wird."[25]

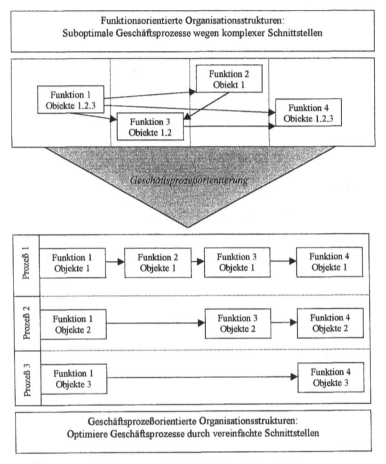

Abb. 8 Der Übergang von funktions- zu prozeßorientierten Organisationsstrukturen
Quelle: Kirchmer, M.; 1996, S. 9

Wenn einzelne Unternehmensbereiche für komplette Geschäftsprozesse verantwortlich sind, ergeben sich daraus erhebliche Vereinfachungen für die Optimierung der Prozesse[26]:

- Durch die Zusammenfassung aller Funktionen zur Erfüllung einer Aufgabenstellung in einem Unternehmensbereich wird die Anzahl der Schnittstellen zwischen den organisatorischen Bereichen reduziert.

---

[25] Hammer, M./Champy, J.: (1994), S. 52.
[26] Vgl. Scheer, A.-W.: (1993), S. 85ff.

- Die Gestaltung der noch notwendigen Schnittstellen wird vereinfacht, da nur bestimmte Objekte in einem Bereich bearbeitet werden und somit nur die hierfür benötigten Daten auszutauschen sind.

- Die Optimierung der Aktivitäten einzelner Unternehmensbereiche führt folglich bei geschäftsprozeßorientierten Organisationsstrukturen zur Optimierung kompletter Geschäftsprozesse.

1.2.3   BPR als Voraussetzung oder als Ergänzung für eine erfolgreiche Implementierung

Standardsoftware baut auf prozeßorientierten Abläufen auf, die die Produktivität im Unternehmen steigern sollen. Um dieses Ziel zu erreichen, wird kein neues organisatorisches Konzept im Unternehmen gefordert, denn aus einem Spektrum von Funktionen und vielen alternativen Geschäftsprozessen, die in der Software abgebildet werden können, ist eine Auswahl der Bausteine möglich, die zu der bestehenden Organisation passen. Weiterhin kann die Software stufenweise erweitert und flexibel an unternehmensspezifische Anforderungen angepaßt werden.

Die Einführung an sich kann dann schrittweise erfolgen oder im „Big Bang"[27]. [28]

Im Gegensatz dazu meint Travnicek von SAP Österreich, daß es „[...]insbesondere bei gewachsenen Familienunternehmen doch sinnvoll ist, ein Reengineering durchzuführen".[29] Zudem könnte es „[...]durchaus passieren [...]", daß ohne ein Business Process Reengineering als Folge eine Minderung der Funktionsfähigkeit der Software entsteht, da einfache Prozesse „[...]verkompliziert [...]" werden könnten.[30]

Laut Oracle ist ein BPR nicht notwendig, da sich die Applikationen mit Hilfe eines Workflow - basierten Tools (PERM) an das Unternehmen anpassen lassen und folglich daraus keine Minderungen in Funktionsweise der Software ergeben. Doch „[...]hängt die Entscheidung, ob ein BPR durchgeführt werden soll oder nicht, in erster Linie von den Wünschen des Kunden ab."[31]

Ein Vertreter des Softwareherstellers BAAN, Ing. Lipp, betont, daß ein BPR im Rahmen der Einführung von BAAN IV nicht empfohlen wird, da ein Anpacken beider Projekte zu Komplikationen führt. Begründet wird dies durch die Doppelbelastung für die Key User in

---

[27] Alle mit der Implementierungen verbunden Veränderungen werden in einem Zug vom Ist- zum Sollzustand bewältigt.
[28] Vgl. SAP-Broschüre - System R/3: (1998), S. 8.
[29] Interview mit Herrn Travnicek: SAP Österreich, Wien, (3. November 1998).
[30] Interview mit Herrn Travnicek: SAP Österreich, Wien, (3. November 1998).
[31] Interview mit Frau Mag. Kuchelmair/Herrn Mag. Binder: Oracle, Wien, (20. Oktober 1998).

einem Unternehmen. Wenn eine Entscheidung pro Standardsoftware gefällt worden ist, sollte ein BPR bereits abgeschlossen sein.[32]

Obwohl die Softwarehersteller grundsätzlich kein Business Process Reengineering als Voraussetzung sehen, wird gleichzeitig von den unabhängigen Unternehmensberatern ein solches vorgeschlagen, d.h. die Geschäftsprozesse sollen analysiert, definiert und optimiert werden.[33] Folglich stellt sich aber die Frage, ob die Unternehmensberater die Notwendigkeit eines Business Process Reengineering neutral beurteilen können, da dies eine ihrer Haupttätigkeit während einer Systemeinführung darstellt.

Andersen Consulting sieht ein Reengineering als Voraussetzung für eine erfolgreiche Einführung, da ein Beibehalten der alten Prozesse zur Folge hätte, daß „[..]einfache Abläufe sehr schwierig und kompliziert werden[...]". Im Gegensatz zur Meinung einiger Softwarehersteller sollten beide Projekte jedoch zeitgleich in Angriff genommen werden.[34]

Der Begründung, daß ein Reengineering dringend notwendig ist, schließt sich die Unternehmensberatung Diebold grundsätzlich an, doch sollte das Reengineering wenn möglich vorher abgeschlossen werden, da sich eine Konzentration auf einzelne Projekte effizienter nutzen läßt.[35]

Der Vorteil dieser Vorgehensweise liegt eindeutig in der Reorganisation des Unternehmens, wodurch schnellere Durchlaufzeiten sowie Kosteneinsparungen ermöglicht werden.[36]

Das Softwarehaus SAP bietet dazu z. B. ein Referenzmodell. Es handelt sich dabei um ein Standardmodell, mit dem es möglich ist, herauszuarbeiten, wie die zukünftige Ablauforganisation auszusehen hat. Es soll die Frage: „Welche Abteilungen sind bei welchem Prozeß beteiligt?" beantwortet werden.[37]

Nun stellt sich aber die Frage, ob sich das Unternehmen an die Software anpaßt oder doch die Software an das Unternehmen, oder müssen sich gar beide aneinander anpassen?

Die Softwarehersteller bieten meist eine 150 % Lösung und dadurch bestehen bei der Einführung verschiedene Kombinations- und Wahlmöglichkeiten bei den Abläufen.[38] Diese Auswahl kann durch Costumizing noch zusätzlich an spezielle Kunden- und Firmenbedürfnisse angepaßt werden. Unter Costumizing ist nach der Arbeitsgemeinschaft arbeitsorientierter Forschung und Schulung das Verfahren definiert, mit dem die

---

[32] Interview mit Herrn Ing. Lipp: BAAN Österreich, Wien, (21. Oktober 1998).
[33] Interview mit Herrn Dornauer: Tyrolit Schleifmittelerzeugung Swarovski KG, Schwaz, (13. Mai 1998).
[34] Interview mit Herrn Dr. Wagner: Andersen Consulting Wien, (2. November 1998).
[35] Interview mit Frau Bissuty: Diebold, Wien, (23. Oktober 1998).
[36] Interview mit Herrn Dr. Kainz: Institut für Wirtschaftsinformatik, Universität Innsbruck, (13. Mai 1998).
[37] Vortrag von Herrn Juffinger: SAP – Modul Controlling, (14. Mai 1998).
[38] Interview mit Herrn Dornauer: Tyrolit Schleifmittelerzeugung Swarovski KG, Schwaz, (13. Mai 1998).

unternehmensneutral ausgelieferte Funktionalität den spezifischen betriebswirtschaftlichen Anforderungen eines Unternehmens angepaßt wird.[39] Anders formuliert bedeutet dies die Anpassung eines integrierten Standardsoftwaresystems an die Erfordernisse des nutzenden Kunden. Auf die Anpassungsmöglickeiten wird unter Punkt 1.4 noch näher eingegangen.

Im Gegensatz dazu meint SAP, daß „[...] Teile der Prozesse natürlich angepaßt werden [...]" und dies im Zuge eines BPR noch häufiger resultiert.[40]

Laut Erfahrungen von BAAN werden im Durchschnitt 92 % der Standardprozesse verwendet und lediglich 8 % der Prozesse werden aufgrund von Kundenwünschen angepaßt.[41] Durch dieses Verhältnis läßt sich erkennen, daß ein Großteil der Geschäftsprozesse im Unternehmen an die Software angepaßt und nur ein Bruchteil der Abläufe individuell umgestaltet werden.

Bevor aber in einem Unternehmen eine Standardsoftware eingeführt wird, sollte zuerst die Software ausgesucht und danach nicht allzuviel an dieser verändert werden. Somit muß sich das Unternehmen anpassen. Dies geschieht meist im Zuge eines Business Process Reengineering.[42]

1.2.4 Die Gefahr der „Standardisierung" der Geschäftsprozesse durch die Anpassung der Organisation an die Software

Die Annahme, daß Prozesse auf der Basis standardisierter Software die optimale Effizienz garantieren, kann nicht bestätigt werden. Das Ziel eines Geschäftsprozeß-Reengineering ist die Verbesserung der Wettbewerbsfähigkeit. Ein Wettbewerbsvorsprung wird aber nur erreicht, wenn sich die Kernkompetenzen gegenüber denen der Mitbewerbern unterscheiden.

Diese Unterscheidung wird aber nicht erreicht, wenn als Basis der Prozesse die Standardsoftware herangezogen wird und damit die Prozesse, Strukturen und Abläufe vereinheitlicht werden. Die individuellen Möglichkeiten zur Differenzierung werden durch diese Standardisierung immer geringer.

Die Prozesse bilden die Gesamtheit des Unternehmens ab und die Software muß diese unterstützen und sollte die Abläufe nicht vorgeben, um einen erkennbaren Wettbewerbsvorteil gegenüber den Mitbewerbern zu sichern. Folglich sollten die Prozesse nicht nach den Bedürfnissen und Vorgaben von standardisierten Programmen ausgerichtet sein, auch wenn diese von vielen Firmen erfolgreich eingesetzt werden.[43]

---

[39] Vgl. Steinbuch, Pitter A.: (1998), S. 264.
[40] Interview mit Herrn Travnicek: SAP Österreich, Wien, (3. November 1998).
[41] Interview mit Herrn Ing. Lipp: BAAN Österreich, Wien, (21. Oktober 1998).
[42] Vortrag von Herrn Juffinger: SAP – Modul Controlling, (14. Mai 1998).
[43] Vgl. Franz, Stefan: (1996), S. 146.

Abschließend kann festgestellt werden, daß sich das Unternehmen trotz des Customizing an die Software anpassen muß, da ansonsten die Produktivität des Unternehmens nicht gesteigert werden kann, wenn nicht sogar gemindert wird. Dies resultiert daraus, daß die Software meist nicht hundertprozentig den Anforderungen des Benutzers entspricht und maßgeschneiderte Lösungen durch Änderungen der Standardsoftware Fehler im Gesamtsystem verursachen können und auch der Releasewechsel erschwert wird.

1.2.5 Die Rolle der IBS während eines Business Process Reengineerings

Integrierte betriebswirtschaftliche Standardsoftware kann sowohl unterstützend als auch eine Barriere für ein erfolgreiches BPR–Projekt sein. Im folgenden werden diese zwei Sichtweisen einander gegenübergestellt.

1.2.5.1 Die unterstützende Wirkung IBS während eines BPR

Die in den Unternehmen bestehenden Informationssysteme behindern durch ihre Komplexität und feste Verankerung in der Organisation ein BPR-Projekt. Durch ihr Alter und fehlende Flexibilität können die geplanten organisatorischen Änderungen nicht ohne weiteres übernommen werden. Anders formuliert zementieren die bestehenden Informationssystem die organisatorischen Abläufe. Durch eine Entscheidung pro integrierter betriebswirtschaftlicher Standardsoftware können die bestehenden Altsysteme in den Unternehmen komplett ersetzt werden und die Organisation kann unabhängig vom IST – Zustand neu gestaltet werden.[44]

Eine zusätzliche Unterstützung erfährt das BPR durch die schnellere Einführung integrierter betriebswirtschaftlicher Standardsoftware gegenüber einzelner komplexer, teilweise individueller, Informationssysteme. Durch das Existieren einzelner Programme im Standardbereich können diese nach erfolgter Parametrisierung bereits produktiv eingesetzt werden. Dieser Erfolg setzt Ressourcen frei, die für spezielle Bereiche des Informationssystems und individuellen Einstellungen genutzt werden können. Unter diesem Aspekt trägt integrierter betriebswirtschaftlicher Standardsoftware zu einer schnelleren Durchführung von BPR bei.

Eine weiterer, nicht unumstrittener Vorteil von integrierter betriebswirtschaftlicher Standardsoftware für das BPR ist der sogenannte Reorganisationszwang.[45] Obwohl die Standardsoftware durch Parameter und Module flexibel an die Organisation angepaßt werden kann, existieren doch bestimmte betriebswirtschaftliche Modelle und damit auch organisatorische Regeln, die bei einer Releasefähigkeit der Standardsoftware nicht verändert

[44] Vgl. Barbitsch, C. E.: (1996), S. 45.
[45] ebd.: S. 46.

werden sollten. Unter Releasefähigkeit wird ein Update durch neue und bessere Versionen der Standardsoftware verstanden. Folglich ist eine Angleichung der IST–Organisation mit der in der Standardsoftware abgebildeten Organisation vorzunehmen und über eine neue Aufbau- und Ablauforganisation nachzudenken. Die integrierte betriebswirtschaftliche Standardsoftware zwingt das Unternehmen gewissermaßen zu BPR.[46]

1.2.5.2   IBS als Barriere für ein BPR

Die größte Barriere liegt laut Barbitsch im funktionsorientierten Aufbau der integrierten betriebswirtschaftlichen Standardsoftware. Die Prozeßorientierung der Standardsoftware beschränkt sich meist auf die einzelnen Module, welche einer Unternehmensfunktion entsprechen und dadurch wird eine funktionsübergreifende Gestaltung erschwert. Um die integrierte betriebswirtschaftliche Standardsoftware prozeßorientiert einzuführen, müssen alle oder zumindest mehrere Module nach der sogenannten Big–Bang–Strategie gleichzeitig eingeführt werden. Das Risiko dieser Vorgehensweise ist sehr hoch, da wichtige Ressourcen, wie Mitarbeiter und Zeit, für eine Implementierung dieser Art meist nicht ausreichend vorhanden sind. Eine Lösung dieses Problems wäre eine prozeßorientierte Konzeption der Organisation und eine funktionsorientierte Implementierung der Software.

Wie bereits oben erwähnt können spezifische Anforderungen einer Organisation durch Parameter und Module modifiziert werden, dennoch wird es immer Abläufe geben, die mit der geplanten Organisation nicht kombinierbar sind. Wird eine vollständige Anpassung angestrebt, geht unter Umständen die Releasefähigkeit der Software verloren und die Anpassungen verändern die Standardsoftware in Richtung individuelles Informationssystem, bei denen die Wartung vollständig auf das Anwenderunternehmen übergeht.[47]

Ein weiteres Problem stellt der Zeitpunkt der positiven Entscheidung zu Gunsten integrierter betriebswirtschaftlicher Standardsoftware dar. Die Gefahr, daß das BPR in den Hintergrund tritt, besteht, wenn die Entscheidung für ein Softwareprodukt bereits vor dem BPR getroffen wurde. In diesem Fall wird die bestehende Organisationsstruktur auf die Standardsoftware abgestimmt und nicht die zukünftige SOLL–Organisationsstruktur. Dadurch können wesentliche Verbesserungspotentiale nicht erkannt und umgesetzt werden. Besonders zu berücksichtigen ist zudem, daß das Softwareprodukt häufig auf Basis der IST–Organisation ausgewählt wird und dadurch die zukünftigen organisatorischen Anforderungen noch nicht berücksichtigt werden können. Folglich ist es zuerst unbedingt notwendig, die SOLL– Organisation zu entwerfen, da diese als Basis für die Auswahl des Softwareprodukts dienen

---

[46] ebd.: S. 46.
[47] ebd.: S. 47.

muß. Andererseits sollte die Grundsatzentscheidung, die bestehenden Informationssysteme durch integrierte betriebswirtschaftliche Standardsoftware abzulösen, noch vor dem BPR getroffen werden, um den oben erwähnten Reorganisationszwang, der aus der Standardisierung resultiert, zu nutzen.[48]

1.2.6   Geschäftsprozeßoptimierung,   Business Process Reengineering und Geschäfts-prozeß-Management

In diesem Kapitel sollen die drei am häufigsten publizierten Methoden zur Verbesserung der geschäftsprozeßorientierten Organisationsstruktur dargestellt werden.

---

[48] ebd.: S. 48.

	Geschäftsprozeß-Optimierung	Business Process Reengineering	Geschäftsprozeß Management
Gegenwart/Zukunft **Beziehung** *Organisations-Entwicklung*			Kontinuierliche Verbesserungen der Kernkompetenzen
Unternehmen/Markt **Beziehung** *Organisations-Effektivität*		Ausrichten an aktuellen Markterfordernissen	Ausrichten an aktuellen Markterfordernissen
Ressource/Leistungs **Beziehung** *Organisations-Effizienz*	Crossfunktionale Prozeßvereinfachung	Crossfunktionale Prozeßvereinfachung	Crossfunktionale Prozeßvereinfachung

Abb. 9 Die drei Richtungen der prozeßorientierten Reorganisation
Quelle: Franz, S.; München, 1996, S. 19

1.2.6.1 Business Process Reengineering

Wie schon unter Punkt 1.2.1 näher erläutert, handelt es sich beim Business Process Reengineering um eine fundamentale Veränderung der Organisation. Die Geschäftsprozesse erfahren eine Ausrichtung auf den Kunden, also eine Abkehr von den tayloristischen Arbeitsprinzipien. Die Informationstechnik spielt dabei wie oben schon erwähnt mitunter eine tragende Rolle. Langfristig wird die Umsetzung aber nur in seltenen Fällen begleitet, da diese Projekte einen fixen Endtermin haben.

1.2.6.2 Geschäftsprozeßoptimierung

Diese Vorgangsweise der Reorganisation wird oft von den Mitarbeitern der Informatikabteilung und am Ende der Prozeßhierarchie durchgeführt. Während der Geschäftsprozeßoptimierung werden die Tätigkeiten auf Redundanzen, Parallelisierung oder Mechanisierung überprüft. Aus Sicht der Informatiker wird die Frage „Wie muß ich meine Abläufe gestalten, daß die – meist bereits gekaufte – Software am effektivsten arbeitet?" gestellt. Begrifflich verbunden werden damit Optimierung, Schnittstelleneliminierung, Standardisierung oder Simulation. Die Geschäftsprozeßoptimierer zeichnen umfangreiche Organisationsabläufe, auf denen jede Informationsbeziehung im Unternehmen wie in einem überdimensionalen Spinnennetz abgebildet ist. Mit Hilfe von Computerprogrammen können die Arbeitsabläufe unter unterschiedlichen Belastungen simuliert werden; auf diese Weise lassen sich Rückschlüsse auf den Stellenbedarf ziehen.

Die Zielsetzungen sind die Verkürzung der Durchlaufzeiten und die Erhöhung der Produktion- und Prozeßqualität, in erster Linie aber die Kostensenkung, die durch Personalreduzierung durch leistungsfähige Informationssysteme erreicht werden kann. Aus diesem Grund wird Geschäftsprozeßoptimierung häufig dann zu einem Thema, wenn die Einführung bzw. die Modifikation von Standardsoftware bevorsteht, da bei einer Implementierung die Abläufe im IST-Zustand überprüft und verbessert werden und dadurch Redundanzen aufgedeckt und beseitigt sowie die Schnittstellen durch Standardisierung angepaßt werden. In der Regel kommt deshalb die Initiative für derartige Projekte meist aus dem Informatikbereich, der sich infolgedessen auch für die Durchführung anbietet.

1.2.6.3   Geschäftsprozeß-Management (GPM)

Das GPM versucht Prozesse transparent zu machen und weiters diese zur Weltklasse zu entwickeln. Der geforderte radikale Wandel bezieht sich nicht auf die Strukturen wie beim Business Process Reengineering, sondern auf die Managementmethodik. Das Ziel ist eine Unternehmenssteuerung, die nicht mehr über Vorgabe und Kontrolle von Arbeitsergebnissen durch Vorgesetzte, sondern über das direkte Abstimmen und Einwirken der Prozeßbeteiligten selbst funktioniert. Um die Güte der einzelnen Prozesse zu beurteilen, werden Qualitäts-, Zeit-, Kosten- und Kundenzufriedenheitsmessungen durchgeführt, die dann zu aussagekräftigen Indikatoren verdichtet werden. Erfüllen diese Indikatoren die gesteigerten Erwartungen, ist der Prozeß „in line". Falls Abweichungen auftreten, müssen Maßnahmen ergriffen werden, die bis zu einem Business Process Reengineering führen können. Dadurch soll erreicht werden, daß die Qualität der Prozesse stetig zunimmt.

Prozeßmanagement ist gleich radikal wie der BPR-Ansatz, aber nicht so spektakulär, da sich die Managementphilosophie nur langfristig verändern läßt. Dennoch sind BPR und Prozeßmanagement eng miteinander verbunden. Prozeßmanagement ohne BPR entwickelt die Prozesse in die falsche Richtung. Ein Business Process Reengineering Projekt ohne Prozeßmanagement ist nicht stabil, da trotz einer Radikalkur die alten Abläufe wieder durchdringen werden. Im Gegensatz zu den anderen Ansätzen liegt die Verantwortung des Prozeßmanagements nicht im Informatikbereich, sondern bei allen Fachbereichen. Die drei Ansätze sind nicht voneinander trennbar, denn die Grenzen zueinander sind fließend.[49]

---

[49] Vgl. Franz, S.: (1996), S. 18ff.

Die Ergebnisse der Messungen können zu Beginn der IBS Implementierung als Basis für eine zu entwerfende SOLL-Organisation dienen, damit die Abläufe in der integrierten betriebswirtschaftlichen Standardsoftware optimal gestaltet werden.

1.3 IBS und deren Einfluß auf die Organisationsstruktur

Die Organisationsstruktur umfaßt die Begriffe Aufbau- und Ablauforganisation. Diese Unterscheidung dient nur gedanklich bei der Betrachtung der Organisationen, da diese faktisch dasselbe behandeln.

Die Einführung einer IBS kann Organisationsveränderungen zur Folge haben. Die Dialog- und Realtime-Systeme erfordern eine stärkere Zusammenfassung der in verschiedenen Abteilungen aufgegliederten Arbeitsschritte. Um die Potentiale der IBS ausschöpfen zu können, muß diese Konzentration in der Aufbau- bzw. Ablauforganisation unterstützt werden.

In diesem Kapitel wird versucht, die Frage zu beantworten, ob eine Strukturänderung eine logische Konsequenz der IBS ist oder ob für diese Änderungen ein Business Process Reengineering notwendig ist.

1.3.1 Neue organisatorische Lösungen als Potential der Einführung einer IBS

Die Entscheidung ein bestehenden Informationssystem abzulösen und durch eine IBS zu ersetzen, fordert viele Organisationsmitglieder heraus, über neue organisatorische Lösungen nachzudenken. Damit dieses Potential voll genutzt werden kann, darf sich ein Organisationsänderungsprojekt nicht allein auf diesen Effekt verlassen und sich nur um die Ausprägungen des neuen Systems kümmern. Vielmehr ist es notwendig, die Organisation gezielt zu ändern und gleichzeitig bei mehreren organisatorischen Elementen anzusetzen, um das Optimierungspotential voll auszuschöpfen.

Folgende Abbildung veranschaulicht die zwei Ebenen der Einflußmöglichkeiten[50]:

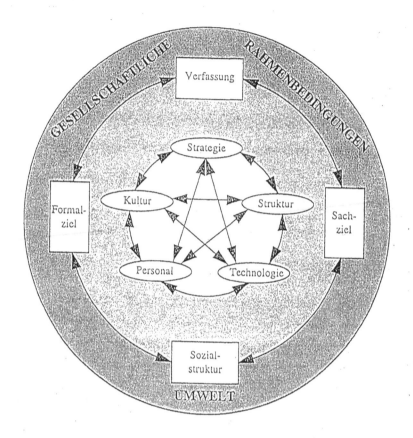

Abb. 10 Elemente des gezielten Organisatorischen Wandels
Quelle: Barbitsch, C.E.; München, 1996, S. 67

Die äußere Ebene der Abbildung beinhaltet die konstituierenden Eigenschaften einer Unternehmung, die bereits bei der Gründung festgelegt und deren Kombination durch die Umwelt sowie gesellschaftliche Rahmenbedingungen eingeschränkt wurden. Neben den Umfeldbeschränkungen werden die anderen Faktoren auch durch eine bestimmte Ausprägung eines Faktors mit Restriktionen belegt.

---

[50] Vgl. Barbitsch, C. E.: (1996), S. 67.

Aus der Menge der konstituierenden Faktoren wird auf die Folgenden näher eingegangen:

Sachziel: Festlegung des Betätigungsfeldes

Formalziel: Definition des Leistungsstandards zur Messung und Bewertung der

                 Aktivitäten der Organisation

Verfassung: Bestimmung der Entscheidungs- und Kontrollbefugnisse sowie die

                 Rechten und Pflichten der Organisationsmitglieder

Sozialstruktur: Kennzeichnet die im Unternehmen vorherrschenden Normen und wird

                 durch   die   Verteilung   der   Qualifikation   und   Werte   der
                 Organisationsmitglieder gebildet

In der zweiten Ebene werden diese Grundtatbestände in konkrete Handlungsanweisungen und Bedingungen für die Organisation aufgeteilt. Durch die Gestaltung der Elemente Strategie, Struktur, Personal, Technologie und Kultur wird versucht, die Handlung der Organisation zu bestimmen, wobei sich diese Faktoren wieder gegenseitig beeinflussen. Bei diesen Beeinflussungen kann es sich um Beschränkungen oder Erweiterungen handeln.

Eine isolierte Betrachtung dieser Elemente würde zu einer Vergeudung von Verbesserungspotentialen führen, da, wie oben bereits erwähnt, eine gegenseitige Beeinflussung und Abhängigkeit besteht.

Um die Potentiale einer Einführung von IBS zu nutzen, ist die Berücksichtigung aller Elemente der zweiten Ebene des hier beschriebenen Modells unbedingt notwendig, da eine Veränderung der Technologie die vier anderen Faktoren beeinflußt und die mögliche Produktivität des neuen Systems nicht voll ausgeschöpft wird. Neben der Strategie, auf die im vorherigen Kapitel bereits näher eingegangen worden ist, steht jetzt die Auswirkungen auf die Struktur im Vordergrund. Das Element Personal wird in einem späteren Kapitel noch näher beleuchtet.

1.3.2   Auswirkungen von IBS auf die Struktur eines Unternehmens

Die Grundelemente der Struktur, die Arbeitsteilung und die Koordination, existieren in jedem Unternehmen. Nach Mintzberg definiert sich Struktur einer Organisation anhand dieser Grundelemente:

„The structure of an organization can be defined simply as the sum total of the ways in which it divides into distinct tasks and then achieves coordination among them."[51]

Die Konsequenzen für die Organisationsstruktur ergeben sich durch IBS deshalb, weil der Informationsfluß zur Achse sämtlicher Unternehmensaktivitäten wird und dadurch die oft übertriebene Arbeitsteilung im Unternehmen durch eine integrierte Vorgangsbearbeitung und durch eine Optimierung von Geschäftsprozessen dezimiert wird.

Das Aufkommen von Computern führte zuerst zu einer vereinzelten Unterstützung von Aufgaben in der Organisation und später von ganzen Abläufen. Die Programme wurden meist in den Unternehmen entwickelt und an die bestehenden Strukturen angepaßt, wobei die Abläufe nicht in Frage gestellt wurden. Nachträgliche Änderungen oder Verbesserungen der Abläufe führten dann zu Anpassungen der Informationssysteme. Da diese Korrekturen aufgrund des Aufwandes meist vereinfacht oder zu spät durchgeführt wurden, führte dies zu einer Zementierung der Abläufe durch die Informationssysteme.

Die Neuentwicklungen auf dem Informatiksektor erlauben zunehmend auch strukturelle Anpassungen (werden unter 1.4 noch vorgestellt), die erhebliche Produktivitätssteigerungen durch Beeinflussung mehrerer Faktoren zur Folge haben können. Zum Beispiel können durch die Datenintegration die richtigen Stellen auf aktuelle Informationen zurückgreifen. Um diese Potentiale zu realisieren, sind aber entsprechende strukturelle Änderungen notwendig. Die Mitarbeiter müssen mit den nötigen Entscheidungsbefugnissen und der Verantwortung dafür ausgestattet werden, damit tatsächlich diese Produktivitätssteigerungen erzielt werden können. Die Realisierung dieser Gestaltungsspielräume setzt also eine simultane Änderung der Organisationsstruktur und des Informationssystems voraus. Dies wird durch eine komplette Beseitigung der alten Informationssysteme und einer Implementierung einer IBS natürlich erleichtert. Folglich können dann auch Geschäftsprozesse unter dem Gesichtspunkt der Ausnutzung der Gestaltungsmöglichkeiten der Informationstechnologie neu organisiert und vor allem neue unkonventionelle Konzepte realisiert werden. Dies ist auch einer der Ansatzpunkte eines BPR-Projekts.

Wie unter Punkt 1.1.1 schon erläutert wurde, spielt die Erhaltung und Entwicklung von Erfolgspotentialen im Unternehmen eine zentrale Rolle. Dieses Strategische Management ist aber nur möglich, wenn die dafür notwendigen Informationen möglichst schnell an die richtigen Stellen gelangen. Es ist deshalb im Rahmen des Strategischen Managements auf eine kommunikationsfreundliche Struktur zu achten und diese sollte durch die IBS unterstützt werden.

---

[51] Mintzberg, H.: (1979), S. 2.

Aus den oben erwähnten Produktivitätssteigerungen und Chancen für die Organisation, läßt sich erkennen, daß die Software einen Einfluß auf die Struktur eines Unternehmens haben kann und die Veränderungen in der Organisationsstruktur nicht nur eine Folge des Business Process Reengineering sind.

1.3.3   Änderung von Ablauf- und Aufbauorganisation

Grundlage für die Struktur der Informationstechnologie bzw. des Informationssystems sind zum einen die Beziehungen der Aktionseinheiten im Unternehmen untereinander (Gebildestruktur). Weiterhin ist die Gestaltung der Prozeßstruktur von großem Gewicht, da die Aufgabenträger im Rahmen der Aufgabenerfüllung eine Vielzahl von Informationen benötigen. Andererseits kann die Informationstechnologie in geringem Maße mit ihren spezifischen Anforderungen die Gestaltung der Gebilde- und Prozeßstruktur beeinflussen.

1.3.3.1   Die Ablauforganisation (Prozeßstruktur)

Diese beschreibt, wie die Organisationsmitglieder die Funktionen ausführen und spiegelt dadurch die dynamische Sichtweise auf die Organisation wieder.[52] Da viele betriebliche Arbeiten mit Hilfe von IBS abgewickelt werden können, sind die Auswirkungen des Einsatzes auf die Prozeßstruktur am deutlichsten zu sehen.

Die Implementierung einer IBS hat Änderungen auf die Ablauforganisation zur Folge. Dies bedeutet für die Anwender, daß durch die Einführung die praktizierten Abwicklungen der Arbeitsabläufe durch die neuen Prozesse ersetzt werden. Die größten Schwierigkeiten bereiten dabei die betriebsfremden betriebswirtschaftlichen Sichtweisen und Hilfsmittel, wie neue Schlüsselsysteme und neue Arbeitsabläufe. Für die Anwender ergeben sich daraus Schwierigkeiten, da neue Funktionen, die vor der Einführung arbeitsteilig von mehreren Abteilungen durchgeführt worden sind, nun komplett von einer Person bearbeitet werden können.[53] Auf die Schwierigkeiten der Implementierung für die Mitarbeiter wird aber weiter unten noch eingegangen.

Mit der Implementierung von IBS ergeben sich deshalb folgende Auswirkungen auf die Ablauforganisation:

-   Verkürzung der Durchlaufzeiten:

[52] Vgl. Kirchmer, M.: (1996), S. 3.
[53] Vgl. Österle, H.: (1990), S. 143.

Durch ein kurzfristiges „Zurverfügungstellen" der für eine Aufgabenerfüllung erforderlichen Informationen durch die IBS werden die Bearbeitungszeiten enorm verkürzt.

- Rationalisierung der Arbeitsabläufe

Durch die Integration werden informationstransformierende und –auswertende Vorgänge rationalisiert.

- Verknüpfung von Arbeitsabläufen

Bisher isolierte Arbeitsabläufe werden durch die Integration zusammengeschlossen

- Koordination der Arbeitsgänge

Die zeitliche und räumliche Koordination von Arbeitsschritten wird durch die IBS übernommen.

1.3.3.2   Die Aufbauorganisation (Gebildestruktur)

Sie bildet in Form eines Systems von Regeln einen Rahmen für die zielgerichtete Durchführung der Arbeitsabläufe und beschreibt, was bearbeitet werden soll. Die Aufbauorganisation spiegelt demnach die statische Sichtweise der Organisation, da durch die Gebildestruktur die Gesamtaufgabe einer Organisation in beliebig vielen Stufen in Teilaufgaben zerlegt werden kann. Dies bedeutet, daß die Aufbauorganisation einerseits eine Spezialisierung der einzelnen Mitglieder ermöglicht, andererseits die Koordination der Aktivitäten sicherstellt. Die kleinste Einheit der Teilaufgaben, die von einer Person ausgeführt werden können, wird als Stelle bezeichnet, die durch die Über- und Unterordnung eine Hierarchie im Unternehmen definieren.[54]

Die Einführung IBS kann folgende Veränderungen auf die Gebildestruktur haben:

- Verringerung der Anzahl der Führungsebenen

Routineentscheidungen werden nicht mehr durch das Management erarbeitet, sondern durch die IBS mit Hilfe von Informationsentscheidungssystemen (Management Information System) getroffen. Ergänzend wird die restliche Entscheidungsfindung durch verdichtete Informationen unterstützt. Ein weiteres Merkmal ist die Verflachung der Organisations- und Managementstrukturen in Richtung Lean-Management (siehe Kapitel 2.1.4). Die Mitarbeiter im Middle-Management, die mit der Informationssammel- und weitergabefunktion beschäftigt sind, fallen durch den Einsatz einer IBS weg.

---

[54] Vgl. Kirchmer, M.: (1996), S. 3.

- Informationsdezentralisierung

  Die bisher dezentral erfüllten Informationsaufgaben in Form von informationstransformierender und –auswertender Vorgängen, wird nun zentralisiert (siehe Informationsmanagement).

- Entscheidungszentralisation/-dezentralisation

  Mit Hilfe IBS ist eine Übertragung der Zuständigkeiten und damit sowohl eine Entscheidungszentralisation als auch eine –dezentralisation möglich. Eine Entscheidungsdezentralisation ermöglicht den unteren Hierarchieebenen selbst zu entscheiden.

- Verknüpfung von Unternehmen und Unternehmensbereichen

  Verbundene Unternehmen oder bisher isolierte Unternehmensbereiche können auf Basis eines erhöhten Informationsaustausches und einer verbesserten Koordinationsmöglichkeit durch den Einsatz von IBS verknüpft werden. Diese Verknüpfung kann neben dem verbesserten Informationsaustausch zu einer Vereinheitlichung betriebswirtschaftlicher Konzepte mit verbunden Unternehmen führen, da durch die Vernetzung die Möglichkeit besteht, einen direkten Datenaustausch durchzuführen, die Auswertung aber auf Daten basiert, die einheitlich ermittelt werden müssen.

Ein Aspekt der Arbeitsteilung in einer Organisation beruht auf einer Aufteilung zwischen Entscheidungsautorität und Ausführung. Auf der einen Seite könne mit Hilfe modernen Informationstechnologien viele ausführende Tätigkeiten automatisiert werden. Andererseits sind Erfahrungen und Wissen in den Unternehmen durch den Einsatz von Informationstechnologien keine knappen Güter mehr, die sich nur auf einige Beschränken, sondern sie sind auf allen Ebenen des Unternehmens verfügbar. Die entscheidende und ausführende Person kann also wieder in einer Person vereint sein und folglich ist die Rechtfertigung für eine hierarchische Arbeitsteilung nicht mehr gegeben.[55] Dies ist ein direkter Einfluß auf die Aufbauorganisation eines Unternehmens durch moderne Informationssysteme.

1.3.4   Stimmen aus der Praxis zu den Strukturänderungen als Folge einer Implementierung

Die gemeinsame Aussage der befragten Anwender, Softwarehäuser und externen Beratern lautet, daß im Zuge einer IBS-Einführung keine strukturellen Änderungen bzw. Anpassungen der Organisationen erfolgen.

---

[55] Vgl. Little, A. D.: (1996), S. 288.

Travnicek von SAP Österreich meint auf die Frage, ob durch den freien Fluß von Informationen Änderungen der Organisationsstruktur zu beobachten seien, daß dies „[...] nur im Zusammenhang mit einem Business Process Reengineering erfolge[...]" und die „[...] Einführung einer Software keinen Einfluß auf die Ablauf- oder Aufbauorganisation hätte".[56] Dieser Meinung schloß sich auch die Unternehmensberatung Diepold an, die zwar „[...] keine Erfahrungen damit hat [...]", aber der Meinung ist, „[...] daß die Struktur und vor allem die Strategie noch nicht von der EDV beeinflußt werden". Bezüglich der Aufbauorganisation im speziellen meinte Bissuty, daß „[...] ein Abteilungsleiter auch nach der Einführung noch Abteilungsleiter sein werde".[57]

Aus Anwendersicht vertritt das Unternehmen Zumtobel die Meinung, daß der Einfluß auf die Organisationsstruktur nur durch ein BPR gegeben ist und nicht durch die IBS.[58] Dieselbe Erfahrung machte die Unternehmung Hilti in Lichtenstein. Das Unternehmen wurde vor der Einführung einem BPR unterzogen und die Hierarchie der Organisationsstruktur wurde durch dieses Projekt verflacht.[59] Die Implementierung hatte dann keine Auswirkungen mehr auf die optimierte Struktur.

Dr. Wagner von der Unternehmensberatung Andersen Consulting sieht „natürlich eine Abflachung der Struktur, wenn ein Reengineering durchgeführt worden ist". Er sieht einen Unterschied zwischen Reengineering und Optimierung der Geschäftsprozesse, wobei letzteres keine fundamentale Veränderung der Organisation zur Folge hat. Der Prozeß der Optimierung wird „[...] natürlich erleichtert, wenn die Geschäftsprozesse mitvergewaltigt worden sind [...]".[60]

Ing. Lipp von Baan bedauert, daß die Möglichkeiten einer IBS noch nicht voll genutzt werden, da „[...] mit einer ganzheitlichen Anwendung wesentlich mehr Potential möglich wäre, was folgedessen auch Auswirkungen auf die Unternehmensstruktur hätte".[61]

Das Beratungshaus IMG ist der Auffassung, daß die am Markt befindlichen Softwareprodukte so flexibel sind, daß die bestehenden Prozesse nur aufgezeigt werden müssen und die Software sich dann an diese Organisation komplett anpaßt. Dies hätte ebenfalls keine Auswirkungen auf die Struktur eines Unternehmens.[62]

[56] Interview mit Herrn Travnicek: SAP Österreich, Wien, (3. November 1998).
[57] Interview mit Frau Bissuty: Diebold, Wien, (23. Oktober 1998).
[58] Interview mit Herrn Steiner: Zumtobel Staff AG, Dornbirn, (20. April 1999).
[59] Telefonat mit Herrn Specker: Hilti, Vaduz, Liechtenstein, (8. April 1999).
[60] Interview mit Herrn Dr. Wagner: Andersen Consulting, Wien, (2. November 1998).
[61] Interview mit Herrn Ing. Lipp: BAAN Österreich, Wien, (21. Oktober 1998).
[62] Interview mit Herrn Thormählen: IMG AG, St. Gallen, (19.April 1999).

Zusammenfassend kann gesagt werden, die Experten aus der Praxis sind der Meinung, daß die Implementierung einer IBS keine Auswirkungen auf die Struktur eines Unternehmens hat. Die Aufbau- bzw. Ablauforganisation wird demnach nur im Zuge eines Business Process Reengineering verändert.

In dem Fall, daß kein BPR durchgeführt wird, bedeutet dies, daß, bezugnehmend auf Abbildung 9, die Struktur durch die Implementierung nicht verändert wird und somit nicht alle Verbesserungspotentiale der IBS erschlossen werden. Die Meinung der Praktiker bestätigt in diesem Zusammenhang die Durchführung eines BPR in den meisten Implementierungsprojekten. Der direkte Einfluß der IBS auf die Struktur wird oder will nicht erkannt werden und deshalb ist ein BPR meist eine Voraussetzung für eine Verbesserung der Organisation. Ein Grund für diese Vorgehensweise in der Praxis kann sein, daß die Aufbau- und Ablauforganisation zwar durch die Software verändert werden könnte, dies aber aufwendiger durchzuführen wäre als eine fundamentale Neuausrichtung der Abläufe ohne Vorgaben der Software und der bestehenden Struktur.

1.4 Anpassungsmöglichkeiten der IBS an die Ablauforganisation eines Unternehmens

Der Einsatz von Standardsoftware bedeutet grundsätzlich einen gewissen Verzicht auf unternehmensindividuelle Ziele. Wie oben bereits erläutert, wird teilweise zu einer IBS Implementierung ergänzend ein Business Process Reengineering durchgeführt. Diese Vorgehensweise beinhaltet die Gefahr, daß sich das Unternehmen an die Software anpaßt. Folglich werden durch die vordefinierten Abläufe in der Standardsoftware viele Prozesse vereinheitlicht und dies führt langfristig zu einer Standardisierung der Ablauforganisation. In diesem Kapitel werden nun die Möglichkeiten aufgezeigt, mit denen die Standardsoftware an ein Unternehmen angepaßt werden kann.

1.4.1 Modifikationen im Standardpaket

Ein umfangreicher und großer Aufgabenbereich während der Einführung von IBS sind die Kundenmodifikationen in den ausgelieferten Programmen. Unter dem Begriff Modifikation lassen sich alle Systemeingriffe zusammenfassen, die eine Änderung des Quellencodes des Programmes zur Folge haben.[63]

Auf dieser begrifflichen Basis können individuelle Systemanpassungen wie folgt klassifiziert werden:

---

[63] Vgl. Österle, H.: Band 2, S. 36.

- Keine Modifikationen

z.B. alle im Rahmen der Parametrisierung vorhandenen Steuerungsmöglichkeiten, zusätzlich Berichte/Reports, individuell definierte, nicht integrierte Tabellen

- Problemlose Modifikationen

z. B. formale Änderungen der Bildschirmbilder und Oberflächen

- Problematische Modifikationen

z. B. Änderung zentraler Programme, Datenbankerweiterungen, etc.

Grundsätzlich kann gesagt werden, daß Modifikationen nur in Ausnahmefällen durchgeführt werden sollten, da diese Systemeingriffe bei einem Releasewechsel große Probleme hervorrufen können. Beispielsweise müssen die modifizierten Module minuziös hinsichtlich Neuerungen des Herstellers überprüft werden. Die individuellen Systemänderungen können überflüssig geworden sein, weil die Softwarehersteller diese Anpassungen als Standard in ihr Programm aufgenommen haben. Falls die Modifikationen nicht als Standard im neuen Release enthalten sind, müssen diese in die neue Version übernommen und begutachtet werden.

Zum anderen beeinträchtigen Kundenmodifikationen die Garantieleistungen im Fehlerfall. Die Fehler im Standardpaket lassen sich aufgrund von Modifikationen sehr schwer nachvollziehen, weil aufgrund der Veränderungen im Programmcode nicht die gleichen Voraussetzungen im System gegeben sind und daher die Probleme aus der eigenen Veränderung resultieren können.

Grundsätzlich sollten nur unvermeidbare Modifikationen vorgenommen werden, weil generell alle betriebsindividuellen Änderungen einen bedeutenden Eingriff in eine komplexe IBS darstellen und damit zu einem permanenten Risikofaktor werden. In den Fällen, daß eine Modifikation aus organisatorischen Gründen nötig erscheint, ist meist eine Anpassung der eigenen Organisation einem Eingriff in die IBS-Programmstruktur vorzuziehen.[64]

1.4.2 Customizing – Parametrisierung der IBS

Beim Customizing, ebenfalls eine Möglichkeit zur Anpassung eines integrierten Standardsoftwaresystems an die Erfordernisse des nutzenden Unternehmens, wird im Gegensatz zum Modifizieren keine Änderungen des Programmquellencodes vorgenommen.

---

[64] ebd.: S. 36.

Dabei wird die unternehmensneutrale Funktionalität den spezifischen betriebswirtschaftlichen Anforderungen einer Organisation angepaßt.

Die IBS-Produkte bieten die Möglichkeit einer umfangreichen Parametrisierung, die eine flexible Adaption der Software an die firmenspezifischen Anforderungen erlaubt, ohne daß Programme geändert werden müssen. Mit Hilfe komfortabler Customizing-Funktionen erfüllen die Softwareprogramme die Forderung nach einfacher, transparenter und schneller Anpassungsfähigkeit an veränderliche Geschäftsprozesse.

Einer der ersten Schritte beim Customizing ist die Abbildung der Unternehmensstruktur, d.h. die Abbildung der Organisationsstruktur des Unternehmens auf die organisatorischen Einheiten im System.

Unter Verwendung bereitgestellter Konfigurierungs- bzw. Generierungstools wird die Standardanwendungssoftware auf die fachlichen und infrastrukturellen Anforderungen des Anwenders zugeschnitten. Voraussetzung für die Auswahl und die Zusammenstellung der Systemkomponenten sowie deren Einrichtung auf die individuellen Vorgaben ist eine Bedarfsanalyse. Diese soll widerspiegeln, inwieweit das in der Software enthaltene Angebot an Funktionen die gewünschten Anwendungsfunktionen enthält. Bei der Auswahl der benötigten Systemkomponenten steht der Gedanke im Vordergrund, Funktionsdefizite zu vermeiden und ein konsistentes, lauffähiges Softwareprodukt zu erhalten. Die Anpassung der Aufbauorganisation, der Funktionsstruktur, der Datenstruktur und der Ablaufsteuerung erfolgt durch Einstellung entsprechender Parameter in Steuerungstabellen, u.a. werden hier Organisationseinheiten, Algorithmen, Bezeichnungen, Wertebereiche, Datensätze oder Zugriffsberechtigungen festgelegt.

Um allerdings der aus der Vielzahl der Parameter und ihren Wechselwirkungen resultierenden Komplexität bei der Systemeinstellung ein wenig Einhalt zu gebieten, wurden sogenannte "Customizing-Objekte" kreiert. In ihnen sind einzelne Parameter nach betriebswirtschaftlichen Gesichtspunkten zusammengefaßt. Es ist möglich, daß aufgrund der Einstellung eines Customizing-Objektes gleich mehrere Geschäftsprozesse betroffen sind, da diese mit denselben Datenobjekten arbeiten. Dabei werden je nach Bedarf des Kunden nicht benötigte Module, Prozesse oder Menüs ausgeblendet.

Die Customizing-Informationen werden dann als Tabellenparameter gespeichert, die beim Programmablauf überprüft bzw. abgefragt werden

1.4.3   Kosten der Programmanpassungen

Das Maximalziel bei der Implementierung von IBS sollte es sein, daß jegliche Programmänderung vermieden werden, da diese mehrfach kosten:

Zunächst einmal fallen Kosten bei der Erstellung der Änderungen an. Da diese meist mit der Unterstützung von Spezialisten des Herstellers vorgenommen werden müssen, sind diese dementsprechend teuer. Wird die Auswahl der Änderungswünsche den Anwendern bzw. internen Mitarbeitern überlassen, besteht die Gefahr, daß die Anzahl der Änderungswünsche stetig steigt und die Kosten dieser Anpassungen den Kaufpreis des Softwarepaketes um ein mehrfaches übersteigen können.

Wesentlich schwerwiegender ist aber die Tatsache, daß diese Änderungen jedesmal wieder getestet werden müssen, wenn ein neues Release des Herstellers eingespielt wird, da die Releases ohne Rücksicht auf individuelle Programmanpassungen des Kunden erstellt werden. Bei sogenannten „Major New Releases"[65] ist es durchaus möglich, daß die Programmanpassungen vollständig neu analysiert und programmiert werden müssen, da es die ursprünglich modifizierten Programme gar nicht mehr gibt.

Zusammenfassend bedeuten kundenindividuelle Anpassungen der IBS ein großer Kostenfaktor bis hin zur Gefahr, daß neue Releases gar nicht mehr eingespielt werden können.

1.4.4   Erfahrungen mit der Anpassung von IBS an die Organisation

Seit 1996 ist das Programm SAP R/3 Release 3.0 in zwei verschiedene Ebenen unterteilt. Der eine Teil des Programmes beinhaltet die Stamm- und Standardfunktionen. In dem anderen sind die Modifikationen und persönlichen Einstellungen des Programmes festgelegt. Dadurch wird bei einem Releasewechsel nur der Block mit den Stamm- und Standardfunktionen ausgetauscht und die individuellen Modifikationen bleiben unverändert und werden vom neuen Release ohne weiteres übernommen. Die Versionen vor Release 3.0 haben jedoch die noch vorher erläuterten Probleme der Übernahme der Anpassungen bei einem Up-date des Programmes.[66]

Die Softwarefirma Oracle bietet ein Workflow-basiertes Tool, mit deren Hilfe die Abfolge der Geschäftsprozesse abgebildet und ohne Änderung des Quellencode angepaßt werden können.

---

[65] Überarbeitungen der Softwarearchitektur seitens des Herstellers.
[66] Interview mit Herrn Travnicek: SAP Österreich, Wien, (3. November 1998).

Diese Änderungen werden bei einem Releasewechsel mit übernommen.[67] Die Firma Baan verwendet ein ähnliches dynamisches Werkzeug.[68]

Thormählen von dem Beratungshaus IMG ist der Meinung, daß die Anpassungen nur in Ausnahmefällen durchgeführt werden sollten. Diese Änderungen sind durch Modifikationen und Customizing möglich, doch werden auch z. B. bei Produkten der Firma SAP die Programmcodes in ABAP 4 durch umprogrammieren verändert. Nur allein für diese Aufgabe beschäftigt IMG etwa 120 Angestellte in der Nähe von Warschau. Diese hohe Anzahl der Mitarbeiter mit der Aufgabe der Änderung des Programmcodes läßt erkennen, daß, entgegen der Aussage, die Anpassungen doch in sehr vielen Ausnahmefällen durchgeführt werden. Zum richtigen Zeitpunkt der Änderungen meint der Berater, daß vor allem in der Produktion der Eingriff in den laufenden Betrieb durch den Einfluß auf die Organisation immer mit Problemen verbunden ist.[69]

Die Problematik mit dem Zeitpunkt der Modifikationen beantwortet Bissuty von der Unternehmung Diepold damit, daß die Änderungen bzw. Anpassungen dauernd erfolgen und es immer Problem mit den Modifikationen gibt.[70]

Aus der Sicht der Anwender meint Steiner von der Zumtobel Staff AG, daß die Änderungen leichter als früher durchzuführen sind, da die Softwareprodukte immer mehr Möglichkeiten zur Anpassung bieten. Die Art und der Umfang der Änderungen wird mit den beteiligten Gruppen abgesprochen. Dabei steht nicht mehr die Frage im Vordergrund, was gebraucht wird, sondern eher, was sie gerne hätten. Diese Anpassungen werden dann nur nach Zustimmung des Vorstandes durchgeführt.[71]

---

[67] Interview mit Frau Mag. Kuchelmair/Herrn Mag. Binder: Oracle, Wien, (20. Oktober 1998).
[68] Interview mit Herrn Ing. Lipp: BAAN Österreich, Wien, (21. Oktober 1998).
[69] Interview mit Herrn Thormählen: IMG AG, St. Gallen, (19.April 1999).
[70] Interview mit Frau Bissuty: Diebold, Wien, (23. Oktober 1998).
[71] Interview mit Herrn Steiner: Zumtobel Staff AG, Dornbirn, (20. April 1999).

2 Phase der Systemnutzung

Neben den unternehmensgestaltenden Auswirkungen der integrierten betriebswirtschaftlichen Standardsoftware vor und während der Implementierung gibt es auch Konsequenzen auf die Organisation während der Systemnutzung.

In den folgenden Abschnitten wird aufgezeigt, daß IBS Einfluß auf den stetigen Wandel von Organisationen hat und darauf aufbauend werden neue Managementkonzepte erläutert, die für die Organisation der Zukunft immer wichtiger werden. Abschließend wird auf die Vernetzung der Unternehmen eingegangen.

2.1 Der Zusammenhang zwischen Wandel und Standardanwendungssoftware

Wie im Kapitel 3.1. bereits näher erläutert, führt die Implementierung von Standardsoftware zu einer Veränderung der Strategie und der Organisationsstruktur. Diese Veränderungen können Einfluß auf die Flexibilität des Unternehmens haben. Deshalb wird in folgendem Kapitel der Frage nachgegangen, ob die Nutzung von IBS einen Einfluß auf die Wandelbarkeit der Unternehmen hat.

2.1.1 Definition von Wandel

Das Wettbewerbsfeld der Unternehmen hat sich in den letzten Jahren stark verändert. Das Ende der Wachstumsmärkte und der Übergang zu stagnierenden bzw. rückläufigen Märkten, die zunehmende Globalisierung der Märkte und andere Faktoren führten dazu, daß es kein stabiles und relativ berechenbares Umfeld mehr gibt. Statt dessen operieren die Unternehmen heute in einer zunehmend unbeständigen, dynamischen und wandelnden Geschäftswelt, in der die Erkenntnis, daß nichts sicher ist, als einzige Konstante angesehen werden kann.[72] Basierend auf dieser Situation kommen bewährte, etablierte Unternehmen in Schwierigkeiten und werden von neuen, dynamischen und innovativen Unternehmen abgelöst, die in der Lage sind, auf Änderungen schneller und stetig zu reagieren.[73]

Eine besondere Rolle kommt in dieser Phase dem stetigen Wandel zu.

„Das Konzept eines Management des Wandels umfaßt alle geplanten, gesteuerten, organisierten und kontrollierten Veränderungen in den Strategien, Prozessen, Strukturen und den Kulturen sozio-ökonomischer Systeme."[74] Dies bedeutet, daß das Management des Wandels sich mit Aufgaben der Unternehmensführung, der Organisation, des

---

[72] Hammer, M./Champy, J.: (1994), S. 17.
[73] Vgl. Stalk, G./Evans, P./Shulman, L.: (1994), S. 231 f.
[74] Thom, N.: (1997), S. 201.

Personalmanagements   und   der   Kommunikation   und   Information   im   Unternehmen beschäftigen muß.

Ein geplanter Wandel liegt vor, wenn man in Antizipation zukünftiger Ereignisse einen Plan für Änderungen entwickelt, der das zukünftige gewandelte System symbolisiert und die Grundlage für eine Fülle von Nachfolgeentscheidungen zur Realisierung des Plans, aber auch für die täglichen ad hoc - Entscheidungen des laufenden Geschäfts bilden kann.[75]

Mögliche Ansätze des geplanten organisatorischen Wandels[76]:

- Strukturelle Ansatz

   Die strukturellen Wandlungen stehen im Vordergrund

- Technologischer Ansatz

   Relevant bei der Einführung von Informationstechnologien in die Organisation

- Humanistischer Ansatz

   Mittelpunkt sind die Veränderungen der Verhaltensweisen der Organisationsmitglieder

Ein entscheidender Wettbewerbsfaktor ist in dieser Phase der Instabilität und Unsicherheit der Faktor Zeit. Denn auf dynamischen Märkten und bei einem sich ständig ändernden Umfeld ist das schnelle Agieren, Anpassen und Reagieren für das Überleben der Unternehmen von entscheidender Bedeutung und mit dem Wettbewerbsfaktor Zeit können auch relative Wettbewerbsvorteile generiert werden.[77] Dieses neue, sich ständig ändernde Wettbewerbsfeld erfordert von den Unternehmen hohe Flexibilität und stellt hohe Anforderungen an die Unternehmensführung und an die Informationstechnologie.

Die Bereitschaft zum Wandel muß in den Organisationen vorhanden sein, da die bisher durchgeführten Effizienzsteigerungsprogramme keine langfristigen Erfolge sichern. Diese Programme sind unter anderem[78]:

- Personalreduzierungen, vor allem bei den unteren Lohngruppen

- Arbeitsplatzverlagerung in Billiglohnländer

- Outsourcing

- Externe Berater

- Reduzierung sozialer Leistungen

---

[75] Vgl. Kirsch, W.: (1979), S. 49.
[76] ebd.: S. 70.
[77] Vgl. Stalk, G.: (1994), S. 227 f.
[78] Vgl. Franz, S.: (1996), S. 38.

- Umstellung der Informationsinfrastruktur mit Hilfe von Standardsoftwaı e

Diese Effizienzsteigerungsprogramme sind meist kurzfristig angelegt und wiederholen sich deshalb in immer kürzer werdenden Abständen. Die Folge daraus ist, daß die Unternehmen auf die Veränderungen reagieren müssen und nicht im Vorfeld agieren können. Wenn die Bereitschaft zum Wandel vorhanden ist, sollte das Unternehmen durch eine Radikalkur wieder wettbewerbsfähig gemacht werden. Dies geschieht meist im Zuge eines Business Process Reengineerings (siehe 1.2).

2.1.2 Das Verhältnis vom Business Process Reengineering und dem kontinuierlichen Verbesserungsprozeß sowie zum Change Management

Der Business Process Reengineering Ansatz enthält nicht nur die Radikalität der Aufgabe von bisher Bewährtem, sondern es ist auch das Potential zur Ganzheitlichkeit gegeben. Reengineering-Ansätze versuchen, die Brücke zum Veränderungsmanagement oder Change Management zu schlagen. Change Management verlangt prinzipiell ein neues Verständnis von Management im Sinne eines ganzheitlichen Denkens, das das Ganze in den Mittelpunkt rückt, indem es über die einzelnen Bestandteile hinausblickt.[79]

Im Zuge des BPR werden partielle oder ersatzlose Auflösungen von bislang wichtig erschienen Teilen der Organisation zur Routine. Die schlanke Organisation, Outsourcing und die Besinnung auf Kernkompetenzen kommt zur Sprache, um die fragwürdig gewordene Effizienz des Unternehmens wieder herzustellen. Der Wechsel von Organisationseinheiten und Abteilungen zu ganzheitlichen Geschäftsprozessen bringt nicht nur viel radikalere Verschlankungen mit sich, sondern ein neues Paradigma von Organisationen. Der Versuch, eine Organisation auf einige wenige zentrale Prozesse zu reduzieren und diese ganzheitlich zu erfassen und abzuwickeln, löst die Organisation in ihrer bisherigen Form begrifflich und praktisch auf.

Organisation wird nun durch Bewegung definiert. Dies resultiert nicht nur aus der Bedeutung von Prozessen als Bewegung, sondern weil auch die einmal gefundene Prozeßhaftigkeit in ihrer jeweiligen Bestimmtheit nichts Dauerhaftes darstellt. Alles, was mit Organisation zu tun hat ist in unkontrollierbare, sich beschleunigende Bewegung geraten. Die Organisation muß auf jede Veränderung gefaßt sein und rasch reagieren können. Da sich das Unternehmen nicht auf die einmal definierten Prozeßketten verlassen kann, müssen immer wieder neue Prozeßverläufe erfunden und entwickelt werden, um auf die Bewegung in den relevanten

---

[79] Vgl. Liebmann, H. P.: (1997), S. 9.

Umwelten reagieren zu können. Die Prozeßgestaltung wird folglich zur Daueraufgabe und die Kompetenz dazu muß möglichst breit gestreut sein und dadurch viele Beteilige im Unternehmen mit einbeziehen. Dementsprechend werden Instrumente wie etwa Total Quality Management (2.1.4.2) und kontinuierlicher Verbesserungsprozeß (2.1.4.3) entwickelt.

Zudem kann durch ein Business Process Reengineering eine erhebliche Verbesserung von Unternehmen oder wesentliche Unternehmensprozessen entwickelt werden. Das bedeutet aber nicht, daß damit auch in jeder Hinsicht optimale Geschäftsprozesse erreicht wurden. Vielmehr werden auch diese neuen Geschäftsprozesse verbesserungsfähig sein. Diese Verbesserungen können mit dem kontinuierlichen Verbesserungsprozeß erreicht werden.

Unterscheidet sich das in der Vision beschriebene SOLL-Modell des Unternehmens in seiner Aufbau- und Ablauforganisation gravierend von der Ausgangslage und ist es Notwendigkeit, dieses Soll möglichst bald zu erreichen, muß dieses Ziel durch radikale Änderungen (BPR) durchgeführt werden. Auf der anderen Seite können bei Ähnlichkeiten der Organisationsstruktur sanftere Methoden angewendet werden, um sich auf diesen künftigen Zustand hinzubewegen. Diese Ansätze sind zum Beispiel ein kontinuierlicher Verbesserungprozeß, der Kern von Total Quality Management oder Kaizen. Während bei einem BPR grundlegende Prozeßveränderungen angestrebt werden, ist hier das Ziel eine stetige Prozeßverbesserung. Auf diese Ansätze wird weiter unten noch genauer eingegangen.

	Kontinuierlicher Verbesserungsprozeß	BPR
Level of Change	Incremental	Radical
Starting Point	Existing Process	Clean slate
Frequency of Change	One-time/continuous	One-time
Time required	Short	Long
Participation	Bottom-up	Top-down
Typical Scope	Narrow, within functions	Broad, cross-functional
Risk	Moderate	High
Primary Enabler	Statistical control	Information technology
Type of change	Cultural	Cultural/structural

Abb. 11 Kontinuierlicher Verbesserungsprozeß versus Business Process Reengineering
Quelle: Davenport, T. H.; 1993, S. 11

Der bedeutendste Unterschied zwischen diesen beiden Ansätzen liegt wohl in ihrer Radikalität. Während bei der kontinuierlichen Verbesserung durch permanente bottom-up initiierte Änderungen Abläufe verbessert werden sollen, geht es beim BPR um einen top-down geführten radikalen Schritt. Außerdem ist ein weiterer Unterschied in der Änderungsfrequenz zu sehen. Der kontinuierliche Verbesserungsprozeß ist zeitlich offen, da er die ständige Abstimmung der Organisation auf die Umwelt herstellen soll. Im Gegensatz dazu wird ein BPR meist als Projekt abgewickelt, das demzufolge auch zeitlich definiert und begrenzt ist.

Eine Verbindung dieser beiden Konzepte soll den permanenten Fortschritt von Geschäftsprozessen sicherstellen, da auch Prozesse, die gerade einem BPR unterzogen wurden, abgestimmt werden können. Dies ist einerseits notwendig, da sich Änderungen der Umwelt permanent ergeben können, und andererseits kann die Feinjustierung eines durch BPR reorganisierten Prozesses erst nach Projektabschluß erfolgen, da ein derartiger Bedarf meist erst im laufenden Betrieb erkannt wird (siehe auch Abbildung 13).

2.1.3 Neue Organisationsformen

Wie in den vorangegangenen Kapiteln bereits erwähnt, kann integrierte betriebswirtschaftliche Standardsoftware die bestehenden Organisationsstrukturen verbessern oder als Basis für eine neue Organisationsstruktur dienen. Die Neueinführung von IBS kann den Anstoß für einen Wandel der Organisation sein oder als Werkzeug unterstützend dienen. Dieser Einsatz kann in neuen Organisationsformen der Unternehmen münden.

Zur Bewältigung des stattfindenden Wandels läßt sich damit eine weitere grundlegende Forderung ableiten: Der Lernwille, die Lernfähigkeit und die Lerngeschwindigkeit der

Unternehmung müssen durch die Strukturen der Organisation ermöglicht werden. Es ist deshalb notwendig, Strukturen zu entwickeln bzw. zu fördern, die diese „Lernkultur" unterstützen.

Der gezielte Einsatz moderner Informationstechnologien kann zu neuen Formen der Organisation führen, welche in der klassischen Organisationslehre bisher noch keine Beachtung gefunden haben. Diese neuen Konzepte sind dadurch gekennzeichnet, daß sich die Organisationen permanent an die Veränderungen ihrer Umwelt anpassen und nicht in einzelnen Reorganisationsschritten radikal verändert werden müssen.[80]

2.1.3.1   Organisationalles Gedächtnis

Im Rahmen des organisationallen Gedächtnisses werden die Aufbau- und Ablauforganisation dokumentiert, die Einzelinformationen zu den Vorgängen sowie die räumliche und zeitliche Dynamik der Vorgänge und dessen Abhängigkeiten gespeichert. Mithilfe der neuen Medien, vor allem von Groupwaresystemen, kann dieses Konzept wesentlich kostengünstiger und einfacher erfaßt werden als mit herkömmlichen Informationssystemen. Als Groupware wird der Oberbegriff für kommerzielle Produkte der Informationstechnik verstanden, die der Unterstützung der Organisation dienen. Eine Hauptaufgabe des organisationallen Gedächtnisses ist es, neben der Dokumentation des Wissens um die Vorgänge, die Basis für eine lernende Organisation zu bilden.

2.1.3.2   Lernende Organisationen und Organisationsentwicklung

Wie bereits oben erwähnt, verläuft die Entwicklung einer Organisation in mehreren Wellen, oder konkreter formuliert, eine gewählte Organisationsform bleibt so lange erhalten, bis die externen Umstände eine Reorganisation unumgänglich machen. Meist wird diese Veränderung durch das Top-Management durch neue Versionen oder durch den internen Druck durchgesetzt. Da dieses Konzept in der Vergangenheit aufgrund der Notwendigkeit von Maßnahmen top-down durchgesetzt worden ist, brachte es viele Reibungsverluste mit sich, die unter Umständen mit dem Boykott der Mitarbeiter für das Neue endeten (weiters siehe 3.2.5).

Im Gegensatz dazu nützen Lernende Organisationen die Kreativität und das Engagement ihrer Mitarbeiter für eine permanente Selbstkritik und eine kontinuierliche Weiterentwicklung des Unternehmens. Die Mitarbeiter sind dadurch motiviert und aktiv in den Veränderungsprozeß

---

[80] Vgl. Wagner, M.: (1995), S. 27.

miteingebunden. Infolge der kontinuierlichen Anpassung an die sich wandelnden Umweltbedingungen, wird der periodisch erhöhte Reorganisationsaufwand vermieden.

Im Mittelpunkt der Lernenden Organisation steht die Sammlung, Kanalisierung und Analyse der Erkenntnisse, welche vor Ort von den Mitarbeitern bisher meist ungenutzt waren und jetzt zur stetigen Verbesserung des gesamten Prozesses dienen kann. Die Lernende Organisation nutzt das gemeinsame Wissen für eine kontinuierliche Weiterentwicklung. Eine zentrale Sammlung und Auswertung der Ergebnisse der vielfältigen Erfahrungen muß durch eine Bereitstellung sämtlicher Informationen für alle Mitarbeiter als Grundlage für einen offenen Diskussions- und Lernprozeß ergänzt werden. Durch diese Möglichkeit der Erweiterung des eigenen Standpunktes wächst die Anpassungsgeschwindigkeit der Organisation.[81]

Um den Zugang zu diesen Informationen auch gewährleisten zu können, benötigen lernende Organisationen ein leistungsfähiges Informationssystem, das in der Lage sein sollte, alle Anregungen und Verbesserungsvorschläge der Mitarbeiter im Detail wie im Gesamtzusammenhang zu erfassen und aufzuarbeiten und folglich die Erarbeitung eines Konsens zu unterstützen.

Integrierten betriebswirtschaftlichen Standardsoftware ermöglicht es den Mitarbeitern die Erfahrungen und das gemeinsame Wissen zu speichern und dieses gesammelte Know-how für alle Beteiligten zugänglich zu machen unter anderem mit Hilfe von Kennzahlen diese Erfahrungen auszuwerten.

Georg Schreyögg versteht das Konzept des organisationalen Lernens als erweiterte Theorie des organisatorischen Wandels und stellt das in diesem Zusammenhang neue Verständnis von betrieblichen Wandlungs- und Lernprozessen jener Auffassung gegenüber, welches sich in der Tradition des Organisationsentwicklungsansatzes (OE) herausgebildet und verfestigt hat. Er begreift die Konzepte des organisationalen Lernen sozusagen als Nachfolgemodell der OE-Ansätze und sieht das Potential der verschiedenen OE-Methoden und Prozeßhilfen nunmehr darin, die „kommunikativen Grundlagen" einer lernenden Organisation herzustellen, denn „[...] immer sind die Kommunikationen die entscheidenden Systemprozesse, die schließlich ein Lernen des Systems möglich machen".[82]

---

[81] ebd.: S. 30f.
[82] Schreyögg, G.: (1996), S. 471ff u. 532f.

Die verschiedenen Begriffe des Wandels lassen sich aus der folgenden Grafik erkennen:

Organisationsentwicklung	*Lernende Organisation*
Wandel als Sonderfall/Ausnahme	*Wandel als Normalfall*
Wandel als separates Problem	*Wandel endogen, als Teil der*
	Systemprozesse
Direktsteuerung des Wandels	*Indirekte Steuerung des Wandels*
Wandel durch (externe) Experten,	*Wandel als generelle Kompetenz*
die Organisation als Klient	*der Organisation*

Abb. 12 Wandelbegriffe im Vergleich
Quelle: Schreyögg, G.; 1996, S. 530

2.1.3.3   Selbstorganisation

Eine Weiterentwicklung der lernenden Organisation mündet nach marktwirtschaftlichen Regulationsmechanismen in der Selbstorganisation. Dies bedeutet, daß sich ein selbstorganisierendes Unternehmen auf Änderung der Kundenbedürfnisse anpassen kann. Eine derartige Organisationsstruktur wird auch fraktale Organisation bezeichnet, da keine feste Organisationsstruktur vorgegeben ist und sich die eigenverantwortlichen Mitarbeiter nach den internen und externen Bedürfnissen zusammenfinden. Der einzelne Mitarbeiter beteiligt sich an den Teams, für die er durch seine Kompetenz den meisten Nutzen bringt. Die Bezeichnung für diesen Typus des Mitarbeiters wird als Knowledgeworker definiert.

Als virtuelle Teams werden Gruppen bezeichnet, die den Vorgang der Selbstorganisation über ein informationstechnisches Medium ausüben. Der Kontakt dieser Teams basiert auf den gemeinsamen Interessen an der zu lösenden Problematik.

Die Organisationen von morgen entstehen aus einem Meer von Information und Wissen durch den losen Zusammenschluß von virtuellen Projekt- und Führungsteams. Ausgehend von einem stabilen Führungskreis organisieren sich die verschiedenen Einheiten bei Bedarf immer wieder neu. Diese Konstellationen sind auch gegenüber anderen Organisationen offen und können mit diesen Kooperieren.[83]

Die Aufgabe der IBS ist neben der Bereitstellung von Information und Wissen auch die flexible Zusammenarbeit der Teams zu unterstützen. Diese Flexibilität ist aber noch nicht in dem gewünschten Ausmaße vorhanden, da die Prozesse und Arbeitsabläufe in diesen virtuellen Teams nicht geordnet und in einer einmal definierten Reihenfolge ablaufen.

---

[83] Vgl. Wagner, M.: (1995), S. 32f.

2.1.4   Unternehmensentwicklung

Innovative Unternehmen vollziehen bereits einen tiefgreifenden Wandel von kontrollierenden und reagierenden zu offensiven, agierenden und proaktiven Veränderungen der Unternehmensstruktur und Geschäftsprozesse. Ein Umbruch des Selbstverständnisses der Unternehmen hat eingesetzt, dessen Erscheinungsbild sich in neuen Organisationsformen manifestiert.[84]

2.1.4.1   Lean-Management

In den letzten Jahren werden Werte, die bisher als allgemein gültig anerkannt wurden, von neuen ergänzt, abgelöst und sogar ersetzt. Traditionelle Werte wie Disziplin, Gehorsam, Hierarchie sowie Macht werden substituiert und durch neue Werte wie Selbstbestimmung, Partizipation, Persönlichkeitsentfaltung, Kompromißfähigkeit und Dezentralisierung ersetzt.

Vor diesem Hintergrund kann das Konzept des Lean Management als eine erfolgreiche Antwort auf veränderte Wettbewerbsbedingungen und des Wertewandels verstanden werden.

Lean bedeutet mager bzw. schlank und soll zum Ausdruck bringen, daß mit erheblich weniger Personal, Zeit für die Entwicklung neuer Produkte, Produktionsfläche, Investitionskapital, Lagerbestände und Nacharbeit aufgrund von Qualitätsmängel als bei herkömmlichen Produktionsweisen die Ziele – Gewinn und Existenzsicherung – erreicht werden.[85]

Primär geht es aber nicht um Einsparungen, sondern um Verbesserung der Wendigkeit und Schlagkraft des Unternehmens.

Darauf aufbauen definieren Hinterhuber und Krauthammer Lean Management als eine „[...] integriere Gesamtheit von Entscheidungs- und Handlungshilfen sowie Einstellungen, mit denen die Unternehmen in einer turbulenten Umwelt auf Dauer haltbare Wettbewerbsvorteile erzielen und ihren Wert erhöhen können"[86].

Lean Management verfolgt dabei im wesentlichen eine Strategie der

- Konzentration auf Kernkompetenzen unter Einsatz modernster flexibler Technologien
- Vermeidung einer Überautomatisierung
- Transparente Strukturierung
- Beherrschbarkeit und Sicherheit von Prozessen

[84] ebd.: S. 34.
[85] Vgl. Groth, U.: (1994), S. 24f.
[86] Hinterhuber, H./Krauthammer, E.; (1994), S. 294.

- Förderung von Marktmechanismen im Unternehmen (internen Kundenprinzig)[87]

Als Bausteine des Lean Management Konzeptes stehen flachere Hierarchien, Prozeßorientierung, Integration entlang der Wertschöpfungskette, Total Quality Management, Simultaneous Engineering und integriertes Informationsmanagement und die Kommunikationskultur im Vordergrund.

a) Flache Hierarchie

Ein Merkmal schlanker Unternehmen stellt die Verflachung der vertikalen Organisationsstruktur dar. Diese flachen Hierarchien sind dadurch gekennzeichnet, daß sie in Relation zur Organisationsgröße wenige Hierarchieebenen aufweisen.[88] Diese wenigen Hierarchiestufen werden bevorzugt, um flexibel und auf dynamische Unternehmensumwelten, Kreativität, Direktheit und Initiative reagieren zu können. Dies wird durch umfassende integrierte Arbeitsprozesse erreicht, die bestimmten Teams zugeordnet werden.[89] Eine Gefahr bzgl. flacheren Hierarchien besteht darin, daß durch diese Abflachung neue, informelle Hierarchien entstehen können, die vom Management nicht mehr beeinflußt werden können.[90]

Wie unter Punkt 1.3.3.2 bereits erläutert wurde, hat die Implementierung integrierter betriebswirtschaftlicher Standardsoftware Auswirkungen auf die Aufbauorganisation eines Unternehmen, indem durch die Einführung die Anzahl der Führungsebenen verringert werden kann. Dies bedeutet, daß IBS den Baustein von flacheren Hierarchien des Lean Management Konzeptes unterstützt.

b) Prozeßorientierung (siehe auch 1.2.2)

Eine Basis für die Ganzheitlichkeit des Lean Management – Konzeptes stellt die prozeßorientierte Denkweise dar. Diese zielt auf eine funktionsübergreifende Orientierung an den Prozessen ab, wobei letztendlich eine Prozeßoptimierung angestrebt wird.

c) Integration entlang der Wertschöpfungskette

Lean Unternehmen greifen gezielt und optimierend in die Zulifer- und Abnehmernetzwerke ein. Dabei erhoffen sie sich, die für die eigenen Problemlösungen notwendigen Teillösungen seitens der Marktteilnehmer zu erhalten.[91] Durch dieses neue

---

[87] Vgl. Groth, U./Kammel, A.: (1994), S. 31.
[88] ebd.: S. 73.
[89] ebd.: S. 81f.
[90] Vgl. Dallheimer, V.: (1998), S. 16.
[91] Vgl. Pfeiffer, W./Weiß, E.: (1994), S. 84.

Hersteller–Zulieferer Verhältnis soll durch entsprechende vertragliche Absicherung den Schlüssellieferanten eine ausgewogene langfristige Unternehmensstrategie ermöglicht werden. Diesem Aufbau dauerhafter Partnerschaften gehen die „Make or Buy"-Entscheidugen als Basis aller strategischen Beschaffungsmanagementaktivitäten voraus. Da sich Lean Unternehmen auf die wettbewerbsentscheidenden Kerngeschäfte konzentrieren und ihre kostenintensiven Randbereiche auslagern, kommt eine massive Outsourcing-Strategie zum Zug. Folglich haben diese Unternehmen eine Vielzahl von Kontakten zu Lieferanten, was beträchtliche Schwierigkeiten mit den Schnittstellen zur Folge haben kann. Gerade zwangsläufig muß deshalb die Anzahl der Lieferanten reduziert werden. Dies ergibt, daß immer mehr Lieferanten zu Systemlieferanten werden. Die Aufgabe der Systemlieferanten besteht nicht darin, einzelne Teile zu liefern (sondern ganze Systeme wie Sitze oder Schiebedächer). Jeder Lieferant der ersten Stufe (= Systemlieferant) hat seinerseits eine Gruppe von Lieferanten der 2. Stufe (= Komponentenlieferant) unter sich, die sich wieder ihrer eigenen Zulieferer bedienen.

Diese Form der Kooperation beeinflußt den Wettbewerb, erfordert aber ein Höchstmaß an Konkurrenzfähigkeit der Lieferanten, um den strengen Eignungskriterien des Abnehmers zu genügen und so diese Form der Zusammenarbeit überhaupt entstehen zu lassen.

Die folgende Abbildung zeigt die wesentliche Unterschiede zwischen Hersteller und Zulieferer im Zuge des Lean Management:

Traditionell	Neue Formen und Ansätze
Ständige Preisverhandlungen	Langfristige Wertschöpfungspartnerschaften
Kostenüberwälzung Hersteller/Zulieferer	Preisgestaltung unter Berücksichtigung beidseitiger Gewinninteressen, gemeinsame Kostensenkungsanstrengungen
Einkauf als derivativer Unternehmensfunktion	Strategisches Beschaffungsmanagement in Abstimmung mit der strategischen Unternehmensplanung
Viele Zulieferer/große Teilevielfalt	Systemlösungen
Technikzentrierung/Vernachlässigung der Kundenorientierung	Markt- und Kundennähe
Zahlreiche Änderungswünsche	Wenig Änderungen durch Simultaneous Engineering
Verzögerte Informationspolitik	Intensiver Informationsaustausch
Qualitätskontrolle nach Liefereingang	Durchgehendes Qualitätsmanagement
Schwankenden Nachfrage in Losen	Produktionssynchrone Beschaffung
Bürokratische Kontrakte	Transparente Spielregeln, Offenheit und gegenseitiges Vertrauen, Entbürokratisierung
Gegenseitiges Abgrenzungs-/Konkurrenzverhalten	Lieferantenförderung, -pflege, entwicklung Aufbau eines vielschichtigen Beziehungsnetzes zwischen einzelnen Fachabteilungen von Zulieferer und Herstellern

Abb. 13 Unterschied zwischen Hersteller und Zulieferer im Zuge des Lean Management
Quelle: Groth, U.; Kammel, A.; 1994, S. 151

Solche Partnerschaften beinhalten neben großen Effizienzpotentialen auch nicht zu unterschätzende Risiken (weiteres 2.3.2). Die Unternehmen verlassen sich auf das Know-how eines einzigen Lieferanten, dessen Entwicklungspotential und die Zuverlässigkeit. Deshalb sollten die Wechselkosten so niedrig wie möglich gehalten werden und die Abhängigkeit mit Hilfe von lieferantenbezogene Flexiblitätspotentialen gemildert werden.

Integrierter betriebswirtschaftlicher Standardsoftware unterstützt die Strategie des Lean-Management insoweit, daß während der Implementierung der Standardanwendung die Prozesse analysiert und optimiert werden und folglich die Konzentration auf die Kernkompetenzen gelegt wird. Zudem bilden die Bausteine des Lean-Managements auch die Basis für eine erfolgreiche Implementierung und Nutzung der IBS. Wie unter 1.3.3 schon erwähnt, kann die Einführung von IBS zu einer Verflachung der vertikalen Organisationsstruktur führen. Ebenso ist die Prozeßorientierung eine Voraussetzung einer IBS Implementierung. Die Rolle und die Auswirkungen integrierter betriebswirtschaftlicher Standardsoftware bei der Vernetzung entlang der Wertschöpfungskette wird im Kapitel 2.3 noch näher beschrieben.

2.1.4.2   Total Quality Management

Unter Total Quality Management (TQM) wird ein langfristiges, integriertes Konzept, das Qualitätsdenken als eine generelle Unternehmensphilosohie beinhaltet, verstanden.

Es geht aber nicht um die Anpassung an bestimmte Normen, die Implementierung von bestimmten Verfahren und deren Einhaltung. Im Mittelpunkt steht die Qualität von Produkten und Dienstleistungen eines Unternehmens auf allen betrieblichen Ebenen. Dies wird durch die Mitwirkung aller Mitarbeiter und unter Einbeziehung der Zulieferer durch termingerechte und günstige Lieferung erreicht und wird kontinuierlich verbessert, um eine optimale Bedürfnisbefriedigung der Konsumenten zu ermöglichen. Durch integrierte betriebswirtschaftliche Standardsoftware wird es den Mitarbeitern und Zulieferern erst ermöglicht, die Qualität der Produkte und Prozesse frühzeitig zu beeinflussen sowie Verbesserungsvorschläge anzubringen.

Da beim TQM das Verständnis von Qualität nur am Markt bzw. am Kunden ausgerichtet ist, ist die Vorstellung des Kunden in bezug auf Qualität entscheidend. Zudem ist die Qualitätssicherung nicht Aufgabe einer einzigen Abteilung, sondern jeder betrieblichen Abteilung unter Einbeziehung aller Mitarbeiter.[92] TQM beinhaltet eine simultane Steuerung und kontinuierliche Verbesserung der Prozeß- und Produktqualität. Die Wettbewerbsfähigkeit soll durch einen strikten Kundenbezug erhöht werden, der auch die Möglichkeit für Beschwerden und Beanstandungen bezüglich der Qualität vorsieht.

TQM beinhaltet zudem die Präzisierung und Formalisierung von Qualitätspolitik und –strategie sowie die Sicherstellung einer internen und externen informationstechnischen Basis. Das Qualitätsverständnis geht über die Produktqualität hinaus und umfaßt auch die

---

[92] Vgl. Oess, A.: (1993), S. 89ff.

Prozeßqualität, die Schnittstellen im Unternehmen, die Qualität der Zulieferer und die des Kundenservices.[93] Dies wird meist nur mit Hilfe einer IBS erreicht, da durch die Standardisierung die Schnittstellenproblematik zu den internen und externen Partner beseitigt werden. Obwohl IBS diese Vernetzung erst ermöglicht und deshalb eine Voraussetzung für ein TQM ist, wird die vorgesehene kontinuierliche Verbesserung der Prozeßqualität nicht ganz erreicht, da die notwendige Flexibilität der Standardanwendung fehlt.

Da es im Rahmens des TQM mehrere Methoden und Instrumente gibt, werden im folgenden das Prinzip des KAIZEN und des Simultaneous Engineering herausgegriffen und näher erläutert.

2.1.4.3 Kaizen - das Prinzip der kontinuierlichen Verbesserung

Total Quality Management ist niemals abgeschlossen, da es sich nicht nur auf Fehlerfreiheit beschränkt. Im Mittelpunkt steht die Beseitigung der Ursachen, die Probleme aufwerfen und nicht die Beseitigung der Problemauswirkung.[94] Dies impliziert, daß die erbrachte Leistung immer kritisch hinterfragt und systematisch verbessert wird. Um dies zu ermöglichen, müssen auch Lieferanten und Kunden Anregungen und Wünsche miteinbringen und in den Problemlösungsprozeß miteinbezogen werden.

Unter dem Begriff des KAIZEN wird eine endlose Folge von kleinen gemeinsamen Schritten verstanden, die fortlaufend und kontinuierlich innerhalb von Gruppen getätigt werden.[95] Dabei steht aber nicht nur die Produktverbesserung im Vordergrund, sondern die Verbesserung sämtlicher Vorgänge und Prozesse, durch die eine Einsparung von Kosten, Zeit, Material und Personal bei gleichzeitiger Erhöhung der Qualität, Produktivität und Prozeßsicherheit erreicht werden soll. Diese stetigen Verbesserungen und Änderungen können in der integrierten betriebswirtschaftlichen Standardsoftware nicht vollkommen erreicht werden, da Modifikationen nur schwer durchführbar sind. Eine Vereinfachung der Änderungen stellt eine Anforderung an die Softwarehäuser dar, ihre Produkte flexibler und schneller an sich verändernde Umweltbedingungen anzupassen.

Dem Prinzip des Kaizen steht, wie schon unter 1.2.1 erwähnt, das BPR gegenüber. Das BPR ist gekennzeichnet durch diskontinuierlichen Verbesserungen mittels Innovationen in großen Zeitabständen. G. Kamiske sieht Kaizen jedoch nicht als Alternative zur Innovation, sondern als Ergänzung. Durch Innovation wird der Prozeß auf ein neues Niveau gehoben. Durch

[93] Vgl. Groth, U./Kammel, A.: (1994), S. 131.
[94] Vgl. Imai, M.: (1993), S. 126.
[95] Vgl. Groth, U./Kammel, A.: (1994), S. 143.

Kaizen wird dieses Niveau stabilisiert und ständig verbessert, bis der nächste innovative Schritt vollzogen wird.[96]

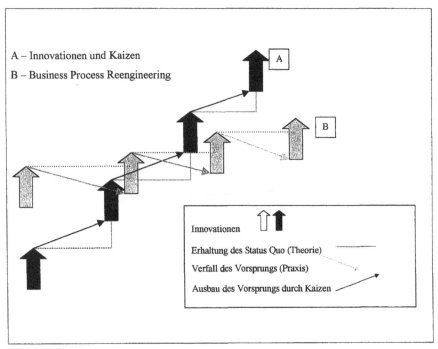

Abb. 14 Vergleich BPR und Kaizen
Quelle: Imai, 1993, S. 49ff

2.1.4.4 Simultaneous Engineering

Das Konzept des Simultaneous Engineering zielt auf eine, wie bereits die Bezeichnung impliziert, gleichzeitige Entwicklung von Produkten und der mit ihnen verbundenen Prozessen ab. Dieses Konzept beinhaltet statt sequentieller Arbeitsweisen eine weitgehende Parallelisierung und Synchronisierung von Prozessen, sprich von Produkt-, Prozeß- und Produktmittelentwicklung. Durch diese Koordination sollen nachträgliche zeit- und kostenintensive Änderungen im Entwicklungsprozeß durch kreative Mitgestaltung vielseitiger Ideenträger und rechtzeitige Abstimmung sowie durch frühzeitige Kompromißfindung erheblich reduziert werden. Qualitätsmanagement wird somit bereits in der Entwicklungsphase ein aktiver Bestandteil. Ebenfalls werden die Systemzulieferer in die

---

[96] Vgl. Kamiske, G./Füermann, T.: (1995), S. 144.

Produktentwicklung integriert, um eine erfolgreiche Zusammenstellung wichtiger Module in das zu entwickelnde Endprodukt sicherzustellen.[97]

Integrierter betriebswirtschaftlicher Standardsoftware unterstützt paralleles Arbeiten durch mehrere Funktionen, wie etwa eine gemeinsame Datenbank, zeitgleiches bearbeiten von einem Dokument (Document-sharing) oder den Zugriff auf aktuelle Daten (real-time). Weiters können mit Hilfe der IBS die Systemzulieferer vollkommen in die Produktentwicklung integriert werden.

2.1.4.5 Change Mangement

Die verschiedenen Methoden des Unternehmenswandels können auch als mögliche Ansätze eines umfassenden, aus der strategischen Planung erwachsenden Management-Konzeptes angesehen werden, daß einerseits den Wandel von reagierenden Managenentansätzen zur proaktiven Veränderungen von Unternehmen, andererseits aber auch die aktive Durchführung notwendiger Veränderungen kombiniert.

Change Management versteht sich als höchste Form der Unternehmensentwicklung, in dem es den notwendigen beständigen Unternehmenswandel selbst initiiert und steuert. Dies wird durch eine Antizipation von Entwicklungstrends der Unternehmensumwelt erreicht und dadurch der notwendige Wandel proaktiv herbeigeführt. Die Unsicherheit der Planbarkeit stellt jedoch ein Problem des Change Managements dar.

Die daraus folgende Unternehmensstrategie aus der Kundenorientierung führt im Idealfall zu einer simultanen Entwicklung von Produkten, Fertigungstechnologien und Marketingkonzepten unter Anpassung der Organisationsstruktur. Begleitend zu diesem kontinuierlichen Wandel sind bei Bedarf auch radikale Reengineeringschritte durchführbar.[98] Wie oben bereits erwähnt, kann IBS nicht mit dem stetigen Wandel mithalten. Die Veränderungen werden immer im Nachhinein durchgeführt, da die Abläufe neu definiert und festgelegt werden müssen.

Eine Methodik des Change Managements ist das Benchmarking. Dies ist ein (periodischer) Vergleich verschiedener nicht unmittelbar quantifizierbarer Charakteristika des eigenen Unternehmens mit der Konkurrenz, bevorzugt mit den Branchenbesten.

2.1.5 Einfluß von IBS auf Wandel

Unternehmensführer und IT-Spezialisten sind oft der Meinung, daß die Informationstechnik allein die Kraft besitze, Unternehmen und ihre Geschäftsprozesse von Grund auf zu verändern. Das ist ein gefährlicher Irrglaube, wie viele gescheiterte Veränderungsprojekte

---

[97] Vgl. Groth, U./Kammel, A.: (1994), S. 89ff.
[98] Vgl. Wagner, M.: (1995), S. 41.

zeigen. Sollen IT-gestützte betriebliche Veränderungen gelingen, müssen die von ihnen betroffenen Menschen dafür gewonnen werden, sich voll einzusetzen.[99] Auch noch so technisch hochentwickelte Informationssysteme, wie integrierte betriebswirtschaftliche Standardsoftware, erreichen einen erfolgreichen Wandel erst, wenn die Menschen einer Organisation im Zuge des Veränderungsprozesses ihre Einstellungen und Verhaltensweisen ändern.

„Informationstechnik verändert Menschen und Organisation dadurch, daß es sie befähigt, Dinge zu tun, die sie vorher nicht tun konnten, und sie daran hindert, weiter nach alten, unproduktiven Methoden zu arbeiten."[100]

Dr. Wagner von Andersen Consulting ist der Meinung, daß der stetige Wandel im Unternehmen durch Standardsoftware erschwert wird. Er argumentiert dies, daß sich die Unternehmen „auf die Probleme der Software und auf die Anpassung dieser an das Unternehmen und nicht auf die Probleme des Marktes konzentriert". Zudem ist Wagner der Ansicht, daß der Wandel durch eine gewisse Zementierung erschwert wird.[101]

IT-Spezialisten verstanden sich als Veränderungsmittler, weil sie Informationstechniken einführen und weiterentwickeln. Deshalb sind sie auch der Meinung, daß die IT von sich aus die Macht hat, den betrieblichen Wandel zu schaffen.[102]

Thormählen von dem Beratungsunternehmen IMG ist dagegen der Meinung, daß Standardanwendungssoftware wesentlich flexibler ist als eigenentwickelte individuelle Software, da diese eine Neuprogrammierung notwendig mache. Seiner Erfahrung nach war früher zuerst die Programmierung der Software und anschließend eine Änderung der Abläufe in der Organisation, die dann nicht mehr geändert werden konnte. IBS kann jedoch verändert werden. Die Folge sind aber erhebliche Einschnitte in die Abläufe der Organisation und erfordert demzufolge erneute Schulungen und andere begleitende Maßnahmen zur Änderung.[103]

Travnicek von SAP ist der Meinung, daß IBS keinen Einfluß auf die Flexibilität eines Unternehmens hat, da die Software nur als Unterstützung dient und die Wandelbarkeit nur vom „Hauptgebilde" notwendig ist.[104]

Steiner von Zumtobel ist ebenfalls der Meinung, daß durch integrierte betriebswirtschaftliche Standardsoftware die Flexibilität eines Unternehmens verloren geht. Dies resultiert aus der

[99] Vgl. Markus, M.L./Benjamin, R.I.: (1997), S. 87f.
[100] Markus, M.L./Benjamin, R.I.: (1997), S. 87f.
[101] Interview mit Herrn Dr. Wagner: Andersen Consulting, Wien, (2. November 1998).
[102] Vgl. Markus, M.L./Benjamin, R.I.: (1997), S. 87f.
[103] Interview mit Herrn Thormählen: IMG AG, St. Gallen, (19.April 1999).
[104] Interview mit Herrn Travnicek: SAP Österreich, Wien, (3. November 1998).

Integration und nicht durch die Standardisierung. Herr Steiner vergleicht die Integration in einem Unternehmen mit der Heirat. Er ist der Meinung, daß ein Verheirateter mit 4 Kindern nicht mehr flexibel genug ist, da er auf die anderen Rücksicht nehmen muß. Er ist aber ebenfalls der Meinung, daß die stetigen Änderungen aus Sicht der Informatiker leichter geworden sind, da die Anzahl der Schnittstellen im System abgenommen hat und die Anpassungen in der Software vom gesamten System übernommen werden.[105]

Integrierte betriebswirtschaftliche Standardsoftware unterstützt auch den betrieblichen Wandel, indem ein paralleles Arbeiten an und Entwickeln von Prozessen ermöglicht wird. Die Einführung neuer Organisationsformen ist erst durch IBS möglich geworden. Ein Vernetzen der Unternehmen entlang der Wertschöpfungsketten war aufgrund der unterschiedlichen Programme und der großen Anzahl der Schnittstellen bis dahin nur schwer möglich. Aufgrund der Abstimmung der Softwareanbieter untereinander wurden die Schnittstellen aufeinander abgestimmt und dadurch eine Vernetzung erst ermöglicht.

Der stetige Wandel wird durch die Weiterentwicklung der Programme immer mehr unterstützt. Aufgrund der Komplexität der IBS werden die Möglichkeiten der Anpassung immer besser und der Aufbau der Module immer flexibler (dazu auch 1.4).

2.2   Visionen der Organisation der Zukunft

Organisationen der Zukunft, die sich die Informations- und Kommunikationstechnologie voll zu nutze machen und die Konsequenzen aus der Bedeutungslosigkeit der herkömmlichen Strukturelemente von Hierarchie und funktionaler Zuordnung gezogen haben, sind geprägt durch eine ständige Anpassung, Formlosigkeit und aufgrund dieser Gegebenheiten nur für kurze Zeit stabil. Dennoch können Eigenschaften beschrieben werden, die diesen zukünftigen Organisationen als Voraussetzung für schnelle Anpassungsfähigkeit dienen.

2.2.1   Arbeit in Projektgruppen

Die Arbeit in Projektgruppen unterscheidet sich von der festen Zugehörigkeit zu einer Funktion dadurch, daß die Projektaufgabe und die Zusammensetzung des Teams zeitlich bis zur Lösung der Aufgabe beschränkt sind. Durch ein hohes Maß an Selbststeuerung wird es ermöglicht, daß sich die Gruppe mit fortschreitendem Problemverständnis der jeweiligen Aufgabenstellung optimal anpaßt. Durch die Neuartigkeit der Aufgaben werden die Mitglieder der Projektgruppe gefordert, ihr Fachwissen zu ergänzen und ein breites Problemverständnis zu entwickeln, da es sich nicht um wiederkehrende Routinearbeiten

---

[105] Interview mit Herrn Steiner: Zumtobel Staff AG, Dornbirn, (20. April 1999).

handelt. Eine weitere Anforderung an die Mitglieder besteht darin, sich in interdisziplinären Teams zusammenzuschließen und ihre Arbeit auch ohne feste Strukturen ausführen können.

2.2.2 Prozesse als tragende Strukturelemente

Die Prozesse werden die funktionalen Einheiten als Gestaltungsprinzip ablösen, da durch die Informationstechnologie die Abbildung und Gestaltung komplexer Prozesse zur ganzheitlichen Optimierung ermöglicht wird. Folglich werden die Mitarbeiter eine Vielzahl von übergreifenden Aufgaben erfüllen.

2.2.3 Überschaubare Einheiten mit hoher Autonomie

Die Aufgaben und Merkmale der Projektgruppen gelten zunehmend auch für ganze Organisationseinheiten. Durch den Wegfall der Trennung zwischen Entscheider und Ausführer wächst der Selbstbestimmungsgrad. Weiters wird die Vernetzung innerhalb und außerhalb des Unternehmens immer komplexer, so daß die Steuerung dieser Partnerschaften in großen Einheiten zunehmend schwieriger wird (siehe auch 2.3). Zusätzlich wird die große Einheit an sich mehr und mehr bedeutungslos, weil sie während der Einbindung ihrer Mitglieder in übergreifenden Projektteams faktisch nicht mehr existiert. Die notwendige Steuerung und Transparenz wird deshalb zu immer kleiner werdenden Einheiten führen.

2.2.4 Unabhängigkeit von direktem persönlichem Kontakt

Durch die Verwendung neuer Kommunikationstechnologien wird räumliche Nähe immer weniger Voraussetzung für eine funktionierende Organisation. Mit Hilfe IBS kann heute schon das Arbeitsergebnis jedes einzelnen ohne Schwierigkeiten aus beliebiger Entfernung, ohne Zeitverzögerung und zu geringen Kosten erfaßt werden, soweit es sich um Ideen und Informationen handelt. Weiters unterstützen die Informations- und Kommunikationstechnologien die Koordination und Kooperation über weite Distanzen. Weltweit agierende Unternehmen können mit Hilfe von IBS die gesamte Wertschöpfung dezentral ausführen und zentral koordinieren.

2.2.5 Ganzheitliche Führung statt Verwaltung durch Planung und Erfolgskennziffern

Führung und Kontrolle ist eine der zentralen Herausforderungen, weil vieles des bislang Beschriebenen im herkömmlichen Sinn weder führbar noch kontrollierbar erscheint. Führung wird sich in Zukunft weniger durch feste Vorgaben und Anweisungen durchführen lassen, sondern durch Ziele, Werte und Ambitionen. Steuerung wird vermehrt den Projektgruppen selbst überlassen. Einzig die Rahmenbedingungen werden durch Etappenziele definiert und diese in gemeinsamer Abstimmung abgeändert. Die Kontrolle der Zielerreichung funktioniert auf ähnliche Weise. Kennzahlen und objektive Meßzahlen werden zukünftig auf die jeweilige Aufgabe definiert, da klassische Kennziffern für Projektgruppen nicht verbindlich sind. IBS schafft hierfür die Voraussetzung, um in diesem komplexen Geflecht der Beziehungen den Wertbeitrag des einzelnen zu bestimmen und die Wirkung auf den Gesamterfolg hin darzustellen. Als Unterstützung der Führung dienen Simulationsprogramme, mit deren Hilfe zukünftige Entscheidungen ohne Zeitverzögerung analysiert und verändert werden können.

2.2.6   Voraussetzung für die Organisation der Zukunft

Diese Voraussetzung sind eine Mischung aus Fiktion und schon bestehender Wirklichkeit. Diese Fiktionen müssen als kommende Wirklichkeit akzeptiert werden und die Unternehmen müssen gezielt auf deren Verwirklichung hinarbeiten.

Betreffend Strategie, Mitarbeiter, Organisation und Steuerung können allgemein gültige Voraussetzungen und Maßnahmen beschrieben werden, an deren Verwirklichung die Unternehmen jetzt arbeiten müssen:

2.2.6.1   Strategie

Zukünftig werden die Intuition, Kreativität und Originalität des Menschen zum strategischen Erfolgsfaktor eines Unternehmens. Solange die künstliche Intelligenz den Menschen nicht ablösen kann, wird er der wichtigste Faktor auf der Suche nach schnellen Lösungen bleiben. Informationstechnologien werden es dem Menschen ermöglichen, sich auf diese Stärken zu konzentrieren, da sie Informationen verdichten und Routinetätigkeiten automatisiert werden. Aufgabe der Unternehmen wird es zukünftig sein, als Träger von Werten, Ambitionen und Zielen zu gelten, da die unternehmerische Wertschöpfung immer mehr aus Ideen und Informationen besteht. Diese Faktoren der Wertschöpfung sind geprägt durch eine stetiger Veränderung und gefährdet durch eine mögliche Kopie durch die Konkurrenz. Ein Unternehmen muß deshalb ständig neue Szenarien durchspielen und mögliche Strategien testen. IBS muß hier Modelle zur Verfügung stellen, um durch Simulation einen strategischen Erfolg erzielen zu können.

2.2.6.2   Mitarbeiter

Wie oben erwähnt, rückt der Mensch wieder stärker in den Mittelpunkt. Die Selbständigkeit wird immer mehr zunehmen, da Eigensteuerung, Eigenverantwortung und Eigenmotivierung immer mehr zutreffen werden. Dies erfordert von jedem einzelnen immer mehr und keineswegs ausschließlich Angenehmes, da nicht jeder mit dieser Selbständigkeit umgehen kann.

Die Tendenz geht immer mehr in Richtung hierarchieflaches bzw. hierarchiefreies Unternehmen. Es wird zukünftig immer noch Menschen geben, die führen, und andere, die geführt werden. Im Gegensatz zur klassischen Organisation wechseln diese Rollen nur sehr viel häufiger. Durch die Organisation in Projektgruppen wird von vielen Mitarbeitern gefordert, daß diese auch einmal Verantwortung übernehmen.

2.2.6.3   Organisation

Bereits weiter oben wurde beschrieben, daß die zukünftigen Organisationen statt durch starre Strukturen durch Prozesse und Projektgruppen bestimmt sein werden. Um diese Organisationen gezielt darauf hinzusteuern sind mehrere Voraussetzungen notwendig: Erfolgskritische Prozesse müssen bereits jetzt bestimmt und beschrieben werden. Die Schnittstellen der sequentiellen Abarbeitung müssen durch Automatisierung und Zusammenlegung der Aktivitäten beseitigt werden. Diese Abstimmungen müssen ständig geprüft werden, um den optimalen Ablauf gewährleisten zu können. Von langfristiger Bedeutung sind dagegen die Erfolgsziele der jeweiligen Abläufe sowie der Beginn und das Prozeßergebnis. Die Aufgabe der IBS ist es die Zwischenzeit zwischen Prozeßbeginn und Ergebnis ständig zu optimieren. Dies wird durch die Automatisierung der wiederkehrenden Aktivitäten erreicht. Zudem bietet die IBS Modelle zur Simulation und Steuerung und kann direkt entscheidungsrelevante Steuergrößen aus einem komplexen, ganzheitlichen Unternehmensmodell herleiten.

2.2.6.4   Führung

Ein klassisches Modell der herkömmlichen Strukturorganisation ist neben der Über- und Unterstellungsverhältnissen die Entscheidungskompetenz. Dies wird sich zukünftig ändern. Führung wird keinesfalls bedeuten, Entscheidungen aufgrund besserer Einsicht vorzugeben. Führung wird im wesentlichen darin bestehen, die richtigen Menschen an der Entscheidungsfindung zu beteiligen und den Entscheidungsprozeß an sich effizient und effektiv zu steuern.

Steuerungssystemen fallen in diesem Szenario folgende Aufgaben zu:

- Warnsysteme, die die Notwendigkeit von neuen Entscheidungen anzeigen
- Kommunikationssysteme, die Zeit und Entfernung überwinden
- Simulationsmodelle, die mögliche Optionen vorführen können
- Prozeßsteuerungssysteme, die Fortschrittskontrolle, Ressourcen und Zielerreichung transparent machen
- Ergebnisverfolgungsysteme, die die Wirkung der getroffenen Entscheidungen nachvollziehen lassen, um zu korrigieren und zu lernen.

2.3 Vernetzung als Notwendigkeit

Je geringer die Wertschöpfungstiefe eines Unternehmens wird, desto vielfältiger und komplexer werden seine Beziehungen zu anderen Firmen. Die Folge ist ein Netzwerk von wirtschaftlich abhängigen, aber rechtlich selbständigen Unternehmen. Durch die Vernetzung sollen Synergien entstehen, deren Ertrag über eine bloße Addition der Wertschöpfungsaktivitäten hinausgeht. Dies geschieht unter anderem durch Outsourcing und Subcontracting, wodurch vertikal-integrierte Unternehmen entstehen. Durch die Umwandlung in selbständige Einheiten der Leistungserstellung erfolgt eine Verflachung der Strukturen. Diese Tendenz zur Vernetzung wird vor allem durch die zunehmende und dadurch notwendige Flexibilität und Reaktionsfähigkeit gefordert. Durch die Vernetzung können die einzelnen Unternehmen und folglich das gesamte Netz auf Veränderungen der Umwelt schneller reagieren. Dies wird bei der heute vorherrschenden hohen Markt- und Wettbewerbsdynamik immer wichtiger.

Unter diesen Gesichtspunkten lassen sich die Begriffe der Vernetzung und von Netzwerke für dieses Kapitel wie folgt definieren:

• Komplexe vernetzte Beziehungen

• zwischen selbständigen Unternehmen

• in bezug auf bestimmte Wertschöpfungsaktivitäten.

Diese Vernetzungen bestehen bei Beteiligungen, Joint Ventures, Kooperationen, gemeinsamen Projekten, Zulieferungsverträgen oder bei einem gezielten Informationsaustausch in bezug auf bestimmte Bereiche.

Wie bereits mehrfach erwähnt, wirken die Anforderungen an gesteigerte Flexibilität und Reaktionsfähigkeit zwangsläufig auf die innerbetrieblichen Strukturen, was sich in flachen Hierarchien, kurzen Entscheidungswegen und schnell veränderlichen Abläufen widerspiegelt.

Da mit Hilfe eines Business Process Reengineerings die Prozeßorganisation neu gestaltet wurde, können die Kunden und Lieferanten nahtlos ohne Abgrenzungen in das Organigramm des Unternehmens hereingeholt werden. Die Prozeßsicht impliziert dadurch, daß die Werteketten der Kunden und der Lieferanten direkt an die der Organisation „angedockt" werden können.[106]

---

[106] Vgl. Dallheimer, V. (Hrsg.): (1998), S. 36.

Diese organisatorisch vernetzten Unternehmen sind nur durch den Einsatz von Informations- und Kommunikationstechnologien handhabbar. Die IuK-Technologien sind demnach eine notwendige, keinesfalls aber eine hinreichende Voraussetzung für den Aufbau eines erfolgreich organisatorisch vernetzten Unternehmens. Vielmehr erfordert ein vernetztes Unternehmen eine sinnvolle Gestaltung von organisatorischen Strukturen und Abläufen und zugleich eine Abstimmung der technischen Infrastruktur.[107]

2.3.1 Wettbewerbsvorteile durch Vernetzung realisieren

Die Reduzierung der Wertschöpfungstiefe geschieht in der Absicht, Wettbewerbsvorteile zu realisieren. Die Vernetzung ist insofern nur Mittel zum Zweck.

Nach Porter sind Wettbewerbsvorteile nur durch eine günstigere Wertschöpfung als die Mitbewerber oder durch eine Differenzierung von den Wettbewerbern zu erreichen.[108] An Porters Modell der fünf wettbewerbsbestimmenden Kräfte läßt sich die Notwendigkeit der Vernetzung darstellen, da Unternehmensnetzwerke entweder zu Produktdifferenzierung oder zu Kostensenkung führt.[109]

2.3.1.1 Die Verhandlungsstärke von Lieferanten

Durch die Vernetzung kann die Verhandlungsmacht der Lieferanten reduziert werden. Dies resultiert aus dem Direktzugriff mittels Informationssytemen durch die Hersteller bei den Lieferanten. Durch die Ausweitung des Netzes auf eine Vielzahl von Lieferanten wird der Markt transparenter und die Wettbewerbssituation dadurch belebt, was eine Angleichung der Preise auf marktgerechtes Niveau zur Folge hat.

2.3.1.2 Die Verhandlungsmacht von Abnehmern

Die Gefahr, daß wenige Abnehmer einen starken Preisdruck auf die Anbieter ausüben können, wird durch die Vernetzung reduziert.

Der automatisierte Informationsfluß durch die Vernetzung zwischen Anbieter und Abnehmer kann für beide seiten Wettbewerbsvorteile durch Kostensenkung und Differenzierung bringen. Dies resultiert aus einer Vorwärtsverkettung, da für den Anbieter eine Kundenbindung durch die automatisierte Auftragsannahme erreicht wird. Die Abnehmer werden informationstechnisch angebunden und Mitbewerber müssen den Kunden überzeugen, daß ein Systemwechsel für sie von Vorteil wäre.

---

[107] Vgl. Little, A. D.: (1996), S. 18.
[108] Porter, M.: (1988).
[109] Vgl. Little, A. D.: (1996), S. 19ff.

2.3.1.3   Die Bedrohung durch neue Konkurrenten

Die Vernetzung hat, wie oben bereits erwähnt, Markteintrittsbarrieren zur Folge, da das zuvor beschriebene System potentiellen Mitbewerbern den Marktzutritt erschwert. Neue Mitbewerber um die Kunden haben hohe Investitionskosten in IuK-Technologien und müssen mit einer hohen Kundenloyalität rechnen. Andererseits haben es Unternehmen, die es versäumten, ihre IuK-Strukturen an den neuen Stand der Technik anzupassen, schwierig, Abnehmer vom neuen Aufbau bzw. der Neugestaltung ihrer Netze zu überzeugen und dadurch die Markteintrittsbarrieren zu umgehen.

2.3.1.4   Die Bedrohung durch Substitutionsprodukte

Die IuK-technische Vernetzung kann die Grundlage für attraktive Substitutionsprodukte sein, da durch diese Ersatzprodukte neue Märkte erschlossen werden können.

2.3.1.5   Die Rivalitäten etablierter Unternehmen

Das Streben nach einer Verbesserung der Wettbewerbsposition führt zwischen Unternehmen in einer Branche zu Rivalitäten. Durch die Vernetzung können diese Rivalitäten unter bestehenden Unternehmen abgeschwächt werden.

Einige Unternehmen erlangen durch organisatorische und technische Vernetzung mit ihrem Umfeld Wettbewerbsvorteile, daß sie sich dadurch den Rivalitäten entziehen. Diese Unternehmen nutzen innovativ die Vernetzung als strategischen Wettbewerbsvorteil, daß sie dadurch die Branche vollkommen verändern.

Innovative Unternehmen nutzen diese Differenzierungs- und Kostenvorteile bereits und verbessern dadurch ihre eigene Wettbewerbsposition.

2.3.2   Die Gefahren einer Vernetzung

Bei einer Partnerschaft durch organisatorische und technische Vernetzung besteht die Gefahr, daß sich ein Unternehmen opportunistisch verhält. Diese Gefahr kann durch ein ausgewogenes Machtverhältnis zwischen den Partnern ohne Informationsasymmetrien oder durch die Gewähr, daß das dominante Unternehmen seine Position nicht mißbraucht, verhindert werden. Eine weitere Gefahr für das Netzwerk besteht darin, daß ein gerechter Modus gefunden werden muß, der die Lastenverteilung von Anfangsinvestitionen und die Aufteilung späterer Gewinne regelt. Eine Schwierigkeit ergibt sich aus dem Bestreben, eine gemeinsame Wettbewerbsstrategie zu entwerfen und zu implementieren.

Aus Effizienzgründen mag es deshalb sinnvoll sein, einem einzelnen Unternehmen die strategische Führungsrolle eines Koordinators zu übertragen, wenn dies auch wie oben erwähnt, die Gefahr einer ungleichen Machtverteilung beinhaltet.[110]

2.3.3 Die Bedeutung integrierter betriebswirtschaftlicher Standardsoftware in Netzwerken

Wie oben erwähnt bildet die Informatik keineswegs die alleinige Ursache für die Bildung von Netzwerken. Allerdings ist sie ein wichtiges Instrument für deren Umsetzung. Um sich gegenüber anderen vernetzten Unternehmen und Mitbewerbern durchzusetzen, müssen die Partner einerseits Flexibilitäts- und andererseits Informations- und Effizienzvorteile besitzen. Diese Vorteile müssen auch gegenüber den klassischen Marktstrukturen gelten, denn die Unternehmen müssen wissen, warum sie sich vertraglich eng an eine Koalition binden und einen Teil ihrer unternehmerischen Unabhängigkeit aufgeben.

Die generelle Aufgabe der Informatik liegt in der Koordination der Netzwerke. Verschiedene Abstufungen im Integrationsgrad sind dabei denkbar: Vom freien oder standardisierten Datenaustausch zwischen jeweils zwei Partnern, über den direkten Zugriff auf das Informationssystem des dominierenden Partners, den Aufbau und die Nutzung gemeinsamer Datenbestände und Informationssysteme, bis zur Erreichung einer zentralen Informatikorganisation bei gemeinsamer Nutzung sämtlicher Informatikressourcen.[111]

Infolge von beschleunigter Internationalität der Märkte wird es zukünftig nicht mehr ausreichen, nur über die modernste Technik zu verfügen. Es wird die Frage, wer die Technik am besten beherrscht und wer über die beste Organisationsstruktur verfügt, immer bedeutsamer. Ohne ein passendes Konzept werden Unternehmen mit herkömmlichen Produktionssystemen kaum in der Lage sein, der internationalen Konkurrenz erfolgreich zu begegnen.

---

[110] Vgl. Hanker, J.: (1990), S. 362f.
[111] ebd.: S. 367.

3 Soziale Konsequenzen:

3.1 Organisationskultur

Wie aus der Abbildung 9 ersichtlich, hat die Einführung einer neuen Technologie neben der Auswirkungen auf die Strategie, die Struktur, das Personal auch noch Auswirkungen auf die Organisationskultur eines Unternehmens, da sich diese Faktoren gegenseitig beeinflussen. In diesem Kapitel wird in einem ersten Schritt der Begriff der Organisationskultur definiert. Anschließend wird erläutert, wie sich die Kultur in einem Unternehmen ändern kann. Zuletzt wird versucht den Zusammenhang zwischen einer Implementierung von integrierte betriebswirtschaftliche Standardsoftware und der Organisationskultur aufzuzeigen.

3.1.1 Definition von Unternehmenskultur

Organisationskultur soll als das Muster der grundlegenden Annahmen verstanden werden, die eine bestimmte Gruppe von Menschen, die lange genug zusammen waren, um bedeutende Erfahrungen gemeinsam gemacht zu haben, in ihrem Bemühen, die Probleme der Anpassung an ihre externe Umwelt und er internen Integration zu lösen, entwickelt hat – Grundannahmen, die sich aus Sicht der Gruppe als die richtige Wahrnehmung oder als das richtige Denken im Bezug auf diese Probleme übermittelt werden. Solche grundlegenden Annahmen, haben sie sich einmal herausgebildet, werden in der Regel als gegeben angesehen und selten bewußt gemacht. Sie sind verknüpft mit den stärker bewußten und sichtbaren Werten einer Organisation und den beobachtbaren Verhaltensmustern und Symbolen.[112]
Unter Kultur läßt sich allgemein ein System von Wertvorstellungen, Verhaltensnormen sowie Denk- und Handlungsanweisungen verstehen, das von einem Kollektiv von Menschen erlernt und akzeptiert worden ist und welches bewirkt, daß sich diese soziale Gruppe deutlich von anderen Gruppen unterscheidet.[113]

Zusammenfassend kann Unternehmenskultur als die Gesamtheit der in einem Unternehmen vorherrschenden Werte, Traditionen, Normen und Denkhaltungen verstanden werden. Sie ist im Vergleich zu den „harten" Elementen Struktur, Strategie oder Technologie als „weiches" Gestaltungselement zu verstehen.

Organisationskultur ist gekennzeichnet durch:

---

[112] Vgl. Schein, E. H.: (1984), S. 3ff.
[113] Vgl. Dülfer, E.: (1988), S. 96.

- die Geschichte des Unternehmens, seine Umwelt und führende Persönlichkeiten und somit in jedem Unternehmen einzigartig. Allgemeine Prinzipien für erfolgreiche oder innovative Kulturen gibt es daher nicht.

- Veränderungen, die meist sehr langsam fortschreiten. Diese Veränderungen resultieren aus dem marktlichen, technischen, sozialer und politischer Einfluß der Umwelt und neuer Führungsstile im Unternehmen.

- Keine Möglichkeit der Klassifizierung in richtig oder falsch. Die Organisationskultur ist abhängig von der Beziehung zwischen ihren Grundannahmen und Umfeldbedingungen.

Die Organisationskultur prägt nicht nur zwischenmenschliche Beziehungen, sondern sie hat auch einen Einfluß auf die Durchführung und Akzeptanz von Innovationen. Dies sollte bei der Implementierung von integrierter betriebswirtschaftlicher Standardsoftware und einem Business Process Reengineering berücksichtigt werden, da je nach Ausprägung der Kultur, sich diese Projekte leichter oder schwerer durchführen lassen. Dies resultiert aus der Änderungsbereitschaft der Mitarbeiter, die durch die Kultur im Unternehmen geprägt ist. Ein wichtiges Instrument in diesem Zusammenhang ist die Beteiligung der Betroffenen am Projekt, um eine innovationsfördernde Kultur zu erreichen.

Die Kultur hat aber auch Einfluß auf die Wirkung und Umsetzung von strukturellen Änderungen, wie sie im Zuge einer IBS Implementierung auftreten. Die Aufforderung an die Mitarbeiter, unternehmerisch zu denken, sollte nicht nur eine Ausrichtung der Strategie, Struktur, Technologie und Organisationsmitglieder auf diese Forderung sein. Vielmehr ist es notwendig, die Normen, Werte und Traditionen hinsichtlich dieser Aufgabenstellung zu beeinflussen. Zur Verwirklichung einer prozeßorientierten und ganzheitlichen Denkweise in einer Organisation sind strukturelle Voraussetzungen eine notwendige, aber keine hinreichende Voraussetzung. Es müssen parallel die organisationskulturellen Entwicklungsbedingungen im Unternehmen geschaffen werden, um die neue Sichtweise und Ansätze erfolgreich umsetzen zu können.

Es besteht demzufolge eine Wechselwirkung zwischen strukturellen und kulturellen Bedingungen:

- Eine geänderte Organisationsstruktur beeinflußt das Verhalten der Mitarbeiter und in Folge deren Einstellungen.

- Die Organisationskultur prägt das Verhalten der Mitarbeiter. Die Mitarbeiter können die Änderung von Organisationsstrukturen be- oder verhindern und somit als Kulturbarrieren auftreten.

3.1.2 Kulturwandel

Kulturwandel ist für das obere Management eine schwierige Führungsaufgabe. Je nach Grad der Veränderung im Umfeld des Unternehmens und der Übereinstimmung von der Wahrnehmung der Umwelt durch Werte, Tradition und Normen im Unternehmen, kann man mehrere Typen des Kulturwandels unterscheiden. Sie reichen von geringfügigen Veränderungen bis zu sogenannten Kulturrevolutionen. Dazwischen liegen inkrementale, aber auch umfassende oder fundamentale Veränderungsprozesse.

Der optimale Zeitpunkt für einen Kulturwandelprozeß ist nahezu nicht zu bestimmen, da nicht festgestellt werden kann, wann ein altes Erfolgsrezept nicht mehr hilfreich ist und eine neue Vision verfolgt werden muß. Es ist deshalb notwendig, daß sich ein Unternehmen flexibel und ständig damit auseinandersetzen muß, ob die bestehenden Erfolgssstrategien noch weiter getragen werden oder ob es im Interesse der Erhaltung des Unternehmens sinnvoll ist, diese zu ändern und zu beginnen, Neues zu erlernen. Aus dieser Situation entstehen Konflikte, die zum Alltag eines auf Umweltveränderungen sensibel reagierendes Unternehmen gehören. Daraus resultiert ein Paradoxon, da das gültige Leitbild und die mit ihr verknüpfte Kultur gelebt werden muß, und gleichzeitig über eine neue Vision mit einer anderen Kultur nachgedacht werden sollte. Die Unternehmenskultur muß bei einer Einführung von IBS beachtet werden, da sich die Kultur über Jahre gebildet hat und nicht von heute auf morgen spontan verändert werden kann.

Ein neues Leitbild mit neuen Kompetenzen und Vorstellungen reicht aber nicht aus, den Prozeß der Kulturveränderung erfolgreich durchzuführen. Ergänzend ist es notwendig, daß die neue Vision von der Führung glaubhaft vertreten und vorgelebt wird.

3.1.3 Wie stark ist der Einfluß der Organisationskultur auf den Wandel

Wie bereits oben näher ausgeführt, hat die Organisationskultur einen starken Einfluß auf die Durchführung und Akzeptanz von Innovationen. Die an der Implementierung von IBS beteiligten und davon betroffenen Mitarbeiter, können die Barrieren und Probleme der bestehenden Organisationsstruktur für die Einführung meist nennen. Inwieweit diese Mitarbeiter aber selbst die Initiative ergreifen, um diese Barrieren zu beseitigen und auf die Probleme hinzuweisen, hängt stark von der Qualität der gelebten Unternehmenskultur ab.

Stark autoritär und hierarchiebetont geführte Mitarbeiter werden zumeist nicht selbst handeln, sondern pflichtgemäß der Hierarchie Bericht erstatten und von dieser entsprechende Handlungen zur Beseitigung der Barriere erwarten. In Klein- und Familienbetrieben kann diese Vorgehensweise erfolgreich sein. In großen Unternehmen aber ist diese geforderte

Übersicht nicht mehr gegeben, da die Vernetzung der Abteilungen und die damit gegebene Wechselwirkung untereinander das ohnehin hohe Anforderungsniveau zusätzlich erhöhen und viele Vorgesetzte dieser Anforderung nicht mehr gewachsen sind. Als Konsequenz aus diesen Rahmenbedingungen werden autoritär und hierarchiebetont geführte Mitarbeiter nicht selbst die Initiative ergreifen, sondern die Problemlösung nach oben delegieren. Erfolgt dann die Beseitigung der nicht oder nur unvollständig, so entsteht ein Gefühl der Ohnmacht bei den Mitarbeitern.

Solange diese Barrieren und Probleme nicht existenzbedrohend sind, läuft das Unternehmen Gefahr, die dringend notwendigen Veränderungsprozesse nicht einzuleiten und den Status quo auch nach der Implementierung von integrierte betriebswirtschaftliche Standardsoftware zu zementieren.

Aus diesen Überlegungen läßt sich erkennen, daß die Einführung von Standardanwendungssoftware nicht von oben durchgeführt werden sollte, sondern die Mitarbeiter akquiriert und zur Problemlösung herbeigezogen werden sollten. Der wesentlich höhere Aufwand zu Beginn des Projektes wird durch eine höhere Identifikation der Mitarbeiter mit dem Projekt und den nötigen Veränderungen in viel höherem Ausmaß vergolten.

3.2 Der Umgang mit integrierter betriebswirtschaftliche Standardsoftware – Ein Lernprozeß für das gesamte Unternehmen

Informations- und Kommunikationstechnologien finden in immer mehreren Bereichen eines Unternehmens Einzug. Ohne die Verwendung und Unterstützung von Computern ist in der heutigen Zeit fast kein Unternehmen mehr überlebens- bzw. konkurrenzfähig. Diese Abhängigkeit von neuen Technologien bringt aber auch Probleme mit sich. In den folgenden Absätzen wird auf die Schwierigkeiten aufmerksam gemacht, die sich durch den Einsatz von Computern in Unternehmen ergeben können.

3.2.1 *Akzeptanz von integrierte betriebswirtschaftliche Standardsoftware in Unternehmen*

Die Einführung neuer Technologien verändert die Arbeitsplätze und die Arbeitsbedingungen in teilweise erheblichem Maße. In der Praxis vergißt man meist, daß diese Änderungen sich auf Menschen auswirken, die häufig zu „Betroffenen" im negativen Sinn des Wortes werden.[114] Gewohnte Arbeitssituationen werden oftmals durch die Implementierung anscheinend harmloser Systeme stark beeinflußt und folglich verändert.

Eine Frage der Akzeptanz von IuK-Technologien in Unternehmen ergibt sich auch durch die, wie oben schon erwähnt, richtige Einschulung und die Möglichkeit, Fehler im Unternehmen zuzulassen.

Die Benutzerakzeptanz neuer Systeme ist ein Grundproblem, mit dem fast alle Unternehmen zu kämpfen haben. Neben der allgemeinen Technik- bzw. Computerphobie sind vor allem die Überfrachtung mit Informationen, Angst vor dem Verlust persönlicher Handlungsspielräume oder vor der permanenten Kontrolle des Arbeitsfortschritts als Hauptursachen zu nennen.[115]

3.2.1.1   Angst vor Machtverlust

Die Angst vor persönlichem Machtverlust, etwa durch Einschränkung von Befugnissen, ist weit verbreitet und findet sich bei Mitarbeitern auf allen Ebenen.

Eine Lösung dieses Problems ist, die geplanten Veränderungen frühzeitig zu kommunizieren und auf die Notwendigkeit dieser neuen Systeme hinzuweisen.

Die Aufgabe der Unternehmensführung in diesem Zusammenhang ist es, den Mitarbeitern die neuen IuK-Technologien als notwendige Reaktion auf die Marktentwicklung zu erläutern.

3.2.1.2   Wissensverlust

Ein weiteres Problem stellt die Angst vor abnehmendem Einfluß durch die Preisgabe des eigenen Wissens dar. Um ein integrierte betriebswirtschaftliche Standardsoftware erfolgreich zu nutzen, sollten die Mitarbeiter ihre Erfahrungen schon vor der Implementierung mit einbringen können. Die Gefahr besteht nun darin, daß die Mitarbeiter der Meinung sind, durch diesen „Wissensverlust" ersetzbar geworden zu sein.

Die Aufklärung, daß dies meist nicht der Fall ist und die IBS effizienter durch die Einbringung von Erfahrung genutzt werden kann, stellt eine weitere Aufgabe an das Management.

3.2.1.3   Möglichkeiten und Grenzen der Kontrolle mit Hilfe IBS

Das Mißtrauen gegen Informationstechnik vor der absoluten Kontrolle des Arbeitsfortschrittes ist nicht ganz unberechtigt. Viele integrierte betriebswirtschaftliche Standardsoftware Systeme beinhalten die technischen Möglichkeiten der steten

---

[114] Vgl. Maydl, E.: (1987), S. 21.
[115] Vgl. Wagner, M.: (1995), S. 147.

Protokollierung und Nachprüfbarkeit aller Handlungen und Äußerungen. Eine Lösung dieser Problematik ist z. B. eine Zusammenarbeit des Betriebsrates mit der Geschäftsleitung, um die Grenzen der Auswertung der erhobenen Daten festzulegen.

Der wichtigste Lösungsansatz für die Erzeugung von Benutzerakzeptanz ist ein Bewußtseinswandel der Beteiligten. Der notwendige Wandel muß als Chance und nicht als Bedrohung begriffen werden und jeder Einzelne muß die Vorteile und Möglichkeiten, die durch die neuen Medien erwachsen, erkennen können. Auf der anderen Seite muß das Management die Mitarbeiter als Menschen erkennen und auf ihre Bedürfnisse und Ängste eingehen.

3.2.2 Auswirkungen und Probleme beim Einsatz integrierter betriebswirtschaftlicher Standardsoftware

Um Projekte, die Änderungen bedingen, erfolgreich einzuführen, ist es wichtig, die Verhaltensmuster der betroffenen Mitarbeiter vorherzusehen und im Vorgehen zu berücksichtigen. Dies gilt insbesondere für Projekte, in denen Informationssysteme neu eingeführt oder ersetzt werden und/oder organisatorische Änderungen implementieren, da hier die Mitarbeiter gezwungen werden, Gewohntes und in langer Aufbauarbeit Geschaffenes aufzugeben.

3.2.2.1 Qualifizierung bzw. Dequalifizierung der Arbeitnehmer

Moderne Informations- und Kommunikationstechnologien sparen Zeit, Geld und natürlich auch Jobs. Die Arbeitsplätze, die an früher benötigten Schnittstellen der Kommunikation verloren gehen machen zirka 10 Prozent der Arbeitsplätze aus, die aber durch die modernen Technologien wiederum geschaffen werden.[116] Mitarbeiter müssen plötzlich die Fähigkeit entwickeln, die immer kürzer werdenden Innovationszyklen selbständig mitzumachen, so daß lebenslanges Lernen die einzige richtige Einstellung dazu ist. Die Gefahr besteht nun darin, daß es einige Menschen geben wird, die diese Fähigkeiten nicht entwickeln, sich nicht engagiert genug mit der Sache auseinandersetzen und sich somit für ihre Arbeit dequalifizieren.

Der ständige Umgang mit den elektronischen Systemen weckt bei den Interessierten ein großes Engagement und erzeugt durch die Entlastung von Routinearbeiten mehr Kreativität, Spaß und Einsatz bei der Arbeit. Auf der anderen Seite gibt es aber auch Menschen, deren

---

[116] Vgl. Stehr, Ch.: (1994), S. KI.

Leistungskurve durch Verwendung von Informations- und Kommunikationstechnologien nach unten fällt.

Diese Unterscheidung findet sich auch in der Hierarchie eines Unternehmens wieder:
Die Qualifizierung tritt am oberen Ende der Hierarchie auf, da diese Mitarbeiter durch gewandtes, dynamisches und flexibles Denken leicht mit den neuen Medien und ihren Möglichkeiten auseinandersetzen können, sie sich folglich von Routineaufgaben entlasten und damit ein besseres Arbeitspotential der Unternehmung zur Verfügung stellen können. Dagegen fallen am unteren Ende der Hierarchie Stellen weg, da hier nur noch anspruchslose, monotone „Resttätigkeiten" zurückbleiben, deren ursprünglicher Tätigkeitsbereich von den neuen Informations- und Kommunikationstechniken übernommen werden.

Die Aufgabe der Unternehmensführung ist es, das Unternehmen als lernende Gemeinschaft zu sehen und die in den Mitarbeitern ruhenden Kräfte ans Tageslicht zu holen und die Arbeitnehmer entsprechend ihrer Fähigkeiten einzusetzen. Es muß somit eine Offenheit geschaffen werden, die Fehler und das anschließende Lernen daraus erlaubt, die es ermöglicht, die in jahrelanger praktischer Arbeit angeeignete Erfahrung mitzuteilen und die den Prozeß des jahrelangen geistigen Absentismus und des verlorengegangen Engagements wieder rückgängig macht. Somit ist eine Atmosphäre zu schaffen, die die Beschäftigten überzeugt und ihnen die Gewißheit gibt, daß die Einführung von integrierte betriebswirtschaftliche Standardsoftware sie von sinnlosen und sinnentleerten Arbeiten befreit und sie ihre Kreativität und Intelligenz optimal ausnutzen und der Unternehmung zur Verfügung stellen können. Der Mitarbeiter muß zu Überzeugung gelangen, daß dadurch die Voraussetzungen für einen größeren und sinnenhafteren Freiraum geschaffen werden.

3.2.2.2 Veränderungen von Arbeitsplatz, Arbeitsinhalt und Arbeitsumfeld

Aus der Sicht des Unternehmens hat die Implementierung und Systemnutzung von integrierter betriebswirtschaftlicher Standardsoftware die Erhöhung der Produktivität als Hauptziel. Betrachtet man aber die neuen Situationen aus Sicht der Mitarbeiter/User, ergibt sich ein differenziertes Bild.

Neben einer Entlastung von den bisherigen Routinetätigkeiten, Verbesserung der Arbeitsbedingungen durch einen schnelleren Arbeitsfluß und anderen Vorteilen ergeben sich aber auch im direkten Arbeitsumfeld Nachteile durch die Verwendung von Standardanwendungssoftware.

Diese können z. B. eine Entwertung der vorhandenen Qualifikationen (Buchhaltungskenntnisse, etc.) und dadurch eine verstärkte Spezialisierung an den betroffenen Arbeitsplätzen zur Folge haben.

Auswirkungen des Einsatzes von integrierter betriebswirtschaftlicher Standardsoftware 74

Die Kriterien zur Beurteilung der Veränderungen sind ebenfalls unterschiedlich. Die Unternehmensleitung wird die Bewertung des Systems an Hand objektiver Kriterien, die mit betriebswirtschaftlichen Größen vergleichbar sind (Produktivität, Effizienz, Wirtschaftlichkeit), vornehmen. Auf der anderen Seite gewinnen für die am Einführungsprozeß der Standardanwendungssoftware beteiligten oder von ihm betroffenen Mitarbeiter andere Faktoren der Erfolgsbewertung an Bedeutung. Es handelt sich dabei um subjektive Kriterien, die den Wertvorstellungen, Erwartungen und persönlichen Einstellungen der Mitarbeiter entspringen.

Entscheidend ist die Feststellung, daß eine Erfolgsbewertung von Technologie-Einführungsmaßnahmen, die nur auf betriebswirtschaftlichen Faktoren aufbaut, die Zielsetzung und Interessen der Mitarbeiter nicht berücksichtigt. Das Ignorieren der subjektiven Kriterien der Mitarbeiter kann unter Umständen zu Widerständen und Konflikten führen.[117]

3.2.3 Neue Aufgabengebiete und Anforderungen an die Mitarbeiter und die Unternehmen

Die neuen Techniken fordern von jedem Mitarbeiter sehr viel und keineswegs ausschließlich Angenehmes. Der Mensch wird, wie schon oben erwähnt, wieder mehr in den Mittelpunkt rücken, da er zu mehr Selbständigkeit, Eigensteuerung, Eigenmotivierung und Eigenverantwortung veranlaßt wird. Diese neuen Aufgabenfelder der Selbständigkeit müssen von den Anwendern integrierte betriebswirtschaftliche Standardsoftware erlernt werden. Die zunehmende räumliche Trennung wirft auch ein soziales und gesellschaftliches Problem auf, an deren Lösung Unternehmen jetzt schon mitarbeiten müssen, da der Arbeitsplatz in den meisten Fällen das Grundbedürfnis nach sozialer Gemeinschaft erfüllt. Diese Funktion kann der Arbeitsplatz der Zukunft aufgrund der neuen Techniken und die daraus resultierende räumliche Unabhängigkeit immer weniger aufrechterhalten.

Eine große Herausforderung wird es sein, die Mitarbeiter an die zukünftigen, durchaus wechselnden Aufgabenstellungen heranzuführen. Auf der einen Seite werden in den interdisziplinären Projektteams Spezialisten gebraucht, die sich gegenseitig ergänzen, auf der anderen Seite müssen die Mitarbeiter immer umfassender und ganzheitlicher arbeiten. Das Idealprofil wird das eines „breiten Spezialisten" sein. Damit ist jemand gemeint, der in einem Fachgebiet tiefe Einblicke und Fähigkeiten besitzt, aber auch in anderen Funktionen einsetzbar ist. Die heutigen Mitarbeiter erfüllen nicht immer diese Kriterien. Für die Unternehmen bedeutet dies, verstärkt mit Weiterbildungsprogrammen das

---

[117] Vgl. Maydl, E.: (1987), S. 27f.

Qualifikationsniveau der eigenen Mitarbeiter stetig zu steigern. Der Mitarbeiter wird die Notwendigkeit zur Ausbildung langfristig nur unterstützen, wenn seine Motivation und Loyalität groß genug sind, um derartige Anstrengungen zu unternehmen. Die Aufgabe der Unternehmen ist es nun, die Interessen und Lebensumstände ihrer einzelnen Mitarbeiter verstehen zu lernen und für individuelle Lebensentwürfe Unterstützung und Hilfestellung anzubieten.[118]

Auch die Praktiker sind bzgl. der gesteigerten Anforderung an die Mitarbeiter einer Meinung. So meint etwa Steiner von Zumtobel, daß die Integration der Standardanwendungssoftware von den Anwendern verstanden werden muß. Er sieht als letzte Konsequenz auch die Umbesetzung einer Stelle, wenn die Mitarbeiter diese Zusammenhänge der Geschäftsprozesse nicht verstehen.[119]   Die Unternehmensberater IMG und Andersen Consulting sehen als einzige Lösung, daß noch mehr Schulungen angeboten werden, da das Denkschema des Mitarbeiters auf eine ganzheitliche Sicht ausgelegt werden muß. Ein bißchen anders sieht dies Travnicek, SAP. Er differenziert zwischen der Komplexität der Software und der Integration. Seiner Meinung nach ist die Komplexität der Software nicht das Problem für die Anwender, da sie nur mit einigen Funktionen umgehen müssen und die Anforderungen an die Anwender nur durch die Folgen der Integration steigen.[120]

Der Umgang mit dem Computer und ganzen Netzwerken wird zukünftig komplexer, doch werden die Anwendungen immer benutzerfreundlicher, so daß gesamt gesehen die Verwendung einfacher wird. Durch eine einheitliche Benutzeroberfläche, die in allen Modulen einer IBS gegeben ist, einfachere Bedienung und offenerer Systemgestaltung werden die zukünftigen Informationssysteme immer angenehmer zu bedienen und deren Nutzung auch ohne intensive Schulung ermöglicht. So ist es etwa im Produkt der Firma BAAN möglich, mit Hilfe von Costumizing vier verschiedene Oberflächen zu generieren. Mag. Binder von Oracle sieht die gesteigerten Anforderungen nicht in der Oberfläche, sondern im Ablauf der gesamten Geschäftsprozesse und deren Zusammenhänge.[121]

Es ist daher immer mehr darauf zu achten, daß nicht nur der Anwender mit den Systemen umgehen kann, da dies vereinfacht wird, sondern daß die Organisation als Ganzes mit den neuen Techniken arbeitet und mit den Veränderungen leben kann. Dieser Lernprozeß erfordert eine Sicht auf die Gesamtheit des Unternehmens und stellt die Führung vor eine

---

[118] Vgl. Little, A.: (1996), S. 295 .
[119] Interview mit Herrn Steiner: Zumtobel Staff AG, Dornbirn, (20. April 1999).
[120] Interview mit Herrn Travnicek: SAP Österreich, Wien, (3. November 1998).
[121] Interview mit Frau Mag. Kuchelmair/Herrn Mag. Binder: Oracle, Wien, (20. Oktober 1998).

entscheidende Situation, denn stetiger Wandel, Flexibilität und lebenslanges Lernen sind die Basis für ein Unternehmen mit Zukunft.

3.2.4   Die Vorstellungen der Anwender im Bezug zur integrierte betriebswirtschaftliche Standardsoftware

Die Anwender haben Vorstellungen über die Verwendungsmöglichkeiten, den Aufbau und die Funktionsweise von Standardanwendungssoftware. Im folgenden wird auf die Forderungen, Erwartungen und Enttäuschungen der Anwender näher eingegangen.[122]

3.2.4.1   Forderungen der Anwender an IBS

Im Zuge einer Entscheidung für eine Standardanwendungssoftware können grundsätzliche Eigenschaften und Merkmale formuliert werden.

Anwender wünschen sich Software, die

- manuelle Arbeitsabläufe entlastet,

- Daten mit hoher Verfügbarkeit bereithält,

- den Zugriff auf Daten zeitlich und logisch koordiniert,

- einen hohen Komfort bei der Nutzung bietet,

- in der Ablaufsteuerung sehr flexibel ist und

- die Individualität der Benutzer (Unternehmen) berücksichtigt.

Im Gegensatz zur individuell entwickelter Software, deren Logik und Zusammenhänge von den Mitarbeitern durch Mitentwicklung verstanden wird, benötigen Anwender von Standardsoftware beim Umgang viel Beratung, die schon während der Auswahlphase durch Orientierung am Markt beginnen muß und solange dauert, wie das Produkt im Unternehmen in Verwendung ist. Zudem brauchen die Anwender eine permanente Schulung, da die Dokumentation meist nicht zum Selbststudium geeignet ist und die Änderungen und Modifikationen der Software meist erklärungsbedürftig sind.

In diesem Sinn sind die Funktionalität, Qualität, Beratung und Schulung die Schlüsselfaktoren für eine erfolgreiche Standardanwendungssoftwarenutzung. Demgegenüber treten technische Aspekte in den Hintergrund.

3.2.4.2   Erwartungen der Anwender an die integrierte betriebswirtschaftliche Standardsoftware

Durch Werbung und Ankündigungen der Softwarehersteller haben Anwender eine hohe Erwartungshaltung an die IBS.

---

[122] Vgl. Österle, H.: Band II, S. 172.

Folgende Erwartungen stellen User an die Software:

- Vollständige Funktionsabdeckung – „alles machbar"

- Robustes, stabiles Verhalten, gerade im Fehlerfall (kein Absturz oder Ausfall)

- Funktionsorientierte, kontextabhängige Bedienerführung

- Einfache, verständliche Funktionen

- Steuerbare Abläufe (z. B. Rückgängigmachen von Fehlern)

- Änderbare Funktionen und Abläufe

- Gleichbleibende Bedieneroberfläche

3.2.4.3   Gründe für die Enttäuschung der Anwender

Um die Qualitätseigenschaften der IBS, unabhängig von den Funktionen, festzulegen, muß das Verhalten der Anwender studiert und auch deren Fehler oder Fehlverhalten mit in die Qualitätsplanung der Softwareanwendungen miteinbezogen werden.

Kleine Fehler werden von den Anwendern meist ignoriert bis das System abstürzt, Daten fehlen oder Fehlermeldungen nicht mehr vom Bildschirm verschwinden. Dann ist die Enttäuschung um so größer, weil die Unstimmigkeiten zuvor nicht mehr im Bewußtsein sind.

Da die Anwender häufig unkritisch mit der Software arbeiten und ein großes Vertrauen in das System besteht, können sie es nicht verstehen, wenn bestimmte Funktionen nicht verfügbar sind.

Eine Gefahr des zu großen Vertrauens sieht auch Frau Kuchelmair von der Firma Oracle. Dies hängt ihrer Meinung nach aber stark von der Organisationskultur in einem Unternehmen ab, da in manchen Unternehmen die Ergebnisse kritisch hinterfragt werden und manche Anwender wiederum die Ergebnisse als gegeben ansehen. Sie sieht als einzige Lösung, daß die Mitarbeiter ihre eigenen Aufgaben und Bildschirmmasken verstehen und die Ergebnisse, oder wenigstens ihr zustande kommen, erläutern können.[123] Für die Vertreter der Unternehmen SAP, IMG und Zumtobel ist es wichtig, daß die Prozesse, vor allem nach einer Modifikation, gut dokumentiert werden, da diese sonst in Vergessung geraten können und für die Mitarbeiter nicht mehr nachvollziehbar sind. Steiner meint zudem, daß vor allem die Eingaben kontrolliert werden, da die Prozesse während der Implementierung definiert und festgelegt wurden und dadurch nicht falsch sein können. Er sieht als Verbesserung in diesem Zusammenhang eine sensitiver Benutzerhilfe und -führung mittels Indexes oder Online-Hilfe.

Anwender lernen nur in Ausnahmefällen die komplexen Zusammenhänge einer integrierten betriebswirtschaftlichen Standardsoftware. Sie haben nicht die Zeit und auch nicht die Voraussetzung, sich in die Denkprozesse einzuarbeiten, die die Programmierer während der

Entwicklung hatten und so bleibt die Standardanwendungssoftware meist eine Black Box. Viele Funktionen und Möglichkeiten, die das System bietet, werden deshalb nicht genutzt. Statt dessen fordern sie eine Anpassung oder Änderung der Abläufe.

Die hohen Erwartungen werden aus folgenden Gründen oft enttäuscht:

- Die Anwender haben keinen richtigen Zugang zur Nutzung des Systems (nicht ausreichende Dokumentation und Schulung).

- Kleine Fehler werden von den Herstellern und Softwarebetreuern nicht behoben und werden deshalb von den Anwendern umgangen, bis das System nicht mehr funktionsfähig ist.

Eine Folge der nicht erfüllten Erwartung sind unter anderem Konflikte und Widerstände gegen das System.

3.2.5 Konflikte und Widerstände im Unternehmen

Die Verwendung von Instrumenten der Informationstechnologie in Unternehmen ist immer mit dem Problem verbunden, daß sich die Systeme schneller entwickeln als das Vermögen der Mitarbeiter, sich dieser Technologie anzupassen. Dies kann folglich zu Widerständen im Unternehmen gegen die Verwendung der neuen Techniken führen und die gesamte Organisation gefährden.

Diese Widerstände der betroffenen Mitarbeiter resultieren meist aus folgenden Ursachen[124]:

- Interessen und Bedürfnisse der Mitarbeiter werden nicht berücksichtigt
- In der Vorbereitungsphase werden die Mitarbeiter nicht oder zu spät integriert
- Die Zielsetzung der Systemeinführung wird von den Mitarbeiter nicht mit getragen, da sie über den Zweck nicht informiert worden sind und ihre persönlich Position im Unternehmen durch den Technologieeinsatz gefährdet sehen.
- Die neuen Systeme werden ohne ausreichende Schulung implementiert

Als vorbeugende Lösung für diese Widerstände gegen die neuen Systeme im Unternehmen bietet sich an, die betroffenen Mitarbeiter über den Zweck und die Ziele der Verwendung frühzeitig zu informieren und integrieren.

Nicht zu vergessen ist aber die Aufgabe, Schulungen während einer Systemeinführung bzw. Verwendung anzubieten, denn Mitarbeiter müssen den Umgang sowie die Zusammenhänge im Unternehmen erkennen, verstehen und erlernen.

---

[123] Interview mit Frau Mag. Kuchelmair/Herrn Mag. Binder: Oracle, Wien, (20. Oktober 1998).
[124] Vgl. Maydl, E.: (1987), S. 7.

Generell kann man Konflikte definieren als „[...] Spannungen innerhalb und zwischen Personengruppen [...]"[125]. Sie äußern sich als Gegensätze und Widersprüche zwischen den Erwartungshaltungen, die an die Mitarbeiter gestellt werden, und den Interessen dieser „Rollenträger". Vereinfacht kann man sagen, daß Konflikte in Unternehmen als Interessengegensätze zwischen den Zielsetzungen der Organisation und der Mitarbeiter gesehen werden können. Die Ursachen, die hinter diesen Konflikten stehen, sollten herausgefunden und genauer untersucht werden. Unterbleibt die Bearbeitung der negativen Seiten der gerade eingeführten Standardanwendungssoftware, ist zu erwarten, daß die nicht ausgetragenen Konflikte eskalieren und sich in Verhaltensformen ausdrücken, die von passiver Resistenz gegen die Software bis zum offen ausgetragenen Widerstand reichen.

---

[125] Krüger, W.: (1980).

Folgende Abbildung zeigt, welche Konfliktpotentiale bei der Einführung neuer Informationstechnologie-Systeme wirksam werden können[126].

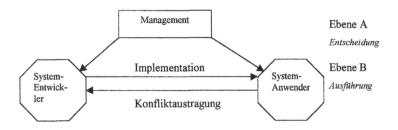

Abb. 15 Konfliktpotentiale bei der Einführung neuer Informationstechnologien
Quelle: Maydl, E.; 1987, S. 31

Die eigentliche Entscheidung wird auf der Ebene A, der des Managements, getroffen. In vertikaler Richtung wird die Entscheidung an die ausführende Ebene B weitergeleitet. Dort existieren zwei Gruppen von Betroffenen mit teilweise gegensätzlichen Interessen: Die eigentlichen Anwender/User und die System-Entwickler.

Die Konfliktträchtigkeit dieses Vorgehens liegt klar auf der Hand:

- Der Entscheidungsweg ist eine Einbahnstraße vom Management zu den ausführenden Abteilungen.

- Da das Management übergeordnet ist, werden die Konflikte ausschließlich auf der unteren Ebene ausgeführt und die eigentliche Konfliktursache, die Entscheidung des Managements, ist nicht beeinflußbar.

- Folglich wird zwischen den zwei Parteien auf Ebene B ein Feindbild aufgebaut, das nicht den realen Machtstrukturen entspricht. Die Konflikte sind daher nicht lösbar.

Diese Situation stellt einen latenten Konflikt dar, der geradezu zu Widerstandshaltungen führen muß, weil keine legalen Formen der Beteiligung am Entscheidungsprozeß gegeben sind.

In dieser bereits eingetretenen Situation liegt es an den Verantwortlichen (Ebene A), die Widerstände aufzuspüren und zu beseitigen.

---

[126] Vgl. Maydl, E.: (1987), S. 31f.

Durch Gegenreaktionen wird versucht, die Situation wieder in den Griff zu bekommen und erwartete negative Folgen abzuwenden oder wenigstens zu mildern.

Diese Reaktionen können in drei unterschiedliche Strategien eingeteilt werden:

* *Sanfte Reaktion:* Beschwichtigen, Ersatzbefriedigung, Motivation
* *Harte Reaktion:* Restriktionen, Austausch von Mitarbeitern
* *Sachliche Reaktion:* Nachbesserung oder Austausch des Systems

Diese Punkte sind nur kurzfristig erfolgreich, da eine nachträgliche Bereinigung sehr schwer durchzuführen ist.

Abschließend kann festgestellt werden, daß eine erfolgreiche Widerstands- und Konfliktbekämpfung eine vorausschauende Strategie erfordert, die bereits bei den Entstehungsursachen ansetzt und von vornherein das Auftreten von Widerstandshaltungen verhindert.

Zusammenfassende Betrachtung und Ausblicke

C Zusammenfassende Betrachtung und Ausblick

1 Zusammenfassung

Die Implementierung und Nutzung von integrierter betriebswirtschaftlicher Standardsoftware hat Auswirkungen auf das gesamte Unternehmen.

Im Kapitel 1 wird durch die Beschreibung von Standardsoftware und Integration der Begriff von integrierter betriebswirtschaftlicher Standardsoftware gebildet.

Im Kapitel 2 wird festgestellt, daß die Einführung von Standardanwendungssoftware in Wechselwirkung zur Strategie steht und die Strategie zukünftig immer mehr durch die Informationstechnologien beeinflußt wird.

Der Zusammenhang zwischen einem Business Process Reengineering und einer erfolgreichen Implementierung führen zu dem Schluß, daß in der Praxis fast alle Unternehmen im Zuge einer Einführung eine Reorganisation ihrer Prozesse durchführen. Es wurde die Gefahr aufgezeigt, daß dies eine Standardisierung der Geschäftsprozesse verschiedener Unternehmen zur Folge haben kann.

Infolge des Business Process Reengineering wurde der Einfluß auf die Struktur eines Unternehmens untersucht. Es wurde festgestellt, daß die Struktur auch ohne ein BPR von der Software verändert werden kann. Weiters wurde darauf eingegangen, daß ein Beibehalten der bestehenden Prozesse nicht das Optimum der Software zu Tage bringt. Dies kann auch nicht verbessert werden, wenn sich die Software an die Organisation anpaßt. Dieser Punkt und die Folgen daraus wurden ebenfalls erläutert.

Während der Systemnutzung kann der stetige Wandel in einem Unternehmen erschwert werden. Es wurde aber auch darauf hingewiesen, daß neue Organisationsformen und die Entwicklung von Unternehmen nur durch den Einsatz von neuer Software ermöglicht wird. Dieser Gedanke wurde weiter gedacht und daraus wurden die möglichen Eigenschaften einer Organisation der Zukunft beschrieben. Diese Organisationen sind unter anderem durch ihre Vernetzung mit anderen Marktpartner gekennzeichnet. Diese Vernetzung bringt Wettbewerbsvorteile für alle Beteiligten.

Abschließend wurden die sozialen Konsequenzen der Softwarenutzung beschrieben. Es wurde festgestellt, daß integrierte betriebswirtschaftliche Standardsoftware einen Einfluß auf die Organisationskultur ausübt. Dieser Einfluß stellt das ganze Unternehmen vor eine

Herausforderung, da die Mitglieder der Organisation auf diese Veränderungen mit Widerstand reagieren können.

Abschließend ist festzustellen, daß die Einführung und Nutzung von betriebswirtschaftlicher Standardsoftware mehrere Vorteile bringt, aber erst, wenn die Gefahren und nachteiligen Veränderungen vom gesamten Unternehmen beseitigt worden sind.

2   Ausblick

Die Implementierung von integrierter betriebswirtschaftlicher Standardsoftware hat eine Bedeutung für das gesamte Unternehmen. Zu Beginn der Einführung steht das betriebswirtschaftliche Interesse im Vordergrund. Dies äußert sich nicht nur durch die Chance, neue betriebswirtschaftliche Modelle zuzukaufen, sondern durch die Möglichkeit, die gesamten Geschäftsprozesse auf ihre Funktionalität hin zu überprüfen und evtl. auch anzupassen. Durch diese Veränderungen der Abläufe besteht die Gefahr, daß der Einsatz von Standardanwendungssoftware einen gewissen Verlust von unternehmensindividuelle Zielen beinhaltet und dies in einer Standardisierung der Geschäftsprozesse enden kann. Die vermehrte Konzentration auf die Kernkompetenzen der Unternehmen, die sich durch immer mehr outgesourcte Unternehmensbereiche widerspiegelt, erhöht die Gefahr, daß die verbleibenden Prozesse standardisiert werden und keine wesentlichen Unterschiede zwischen den Konkurrenten mit der selben Softwarelösung in einer Branche bestehen.

Ein mögliches Unterscheidungskriterium besteht in der jeweiligen Strategie eines Unternehmens, die langfristig als dynamisch angesehen werden sollte. Dies resultiert aus der Wechselwirkung zwischen den Informationstechnologien und der Strategie, da diese die Entscheidung für und die Einbindung der IBS in das Unternehmen beeinflussen kann, andererseits hat die Standardanwendung auch einen Einfluß auf die Strategie, der immer mehr zunehmen wird. Meiner Meinung nach werden die Informationstechnologien in den nächsten Jahren die Unternehmen vor neue Anforderungen stellen, da sich die Kunden aufgrund der weltweiten Vernetzung über das beste Angebot informieren können und der Wettbewerb internationaler wird. Um dieser Anforderung gerecht zu werden, ist eine dynamische Strategie notwendig, die sich an die immer schneller werdenden Veränderungen anpaßt. Zudem wird aufgrund des weltweiten Wettbewerbes und der Angleichung der Unternehmensabläufe, nicht nur aufgrund der Standardanwendungen, sondern auch aufgrund der gestiegenen Wettbewerbshärte, in dem nur der effizienteste Teilnehmer überleben wird, die Strategie zum entscheidenden Faktor.

Weiters ist in den letzen Jahren zu beobachten, daß viele Branchen durch Fusionen gekennzeichnet sind. Meiner Meinung nach wird dieser Trend aber nicht mehr lange anhalten, da integrierte betriebswirtschaftliche Standardsoftware immer mehr zur Vernetzung von rechtlich unabhängigen Unternehmen beitragen wird. Diese Tendenz der Märkte sollte eine Motivation für die Softwarehersteller sein, die Problematik der Schnittstellen zu anderen Programmen zu verbessern. Diese Vernetzungen haben dann aber wiederum Folgen für das gesamte Unternehmen. Die Teilnehmer dieser Netzwerke müssen flexibel auf unterschiedliche Organisationsformen reagieren können, da diese Unternehmen zukünftig meist nur für einzelne Projekte zusammenarbeiten und sich dann wieder mit neuen Unternehmen zu einem neuen Netz zusammenschließen. Dies hat auch zur Folge, daß eine zunehmende Tendenz in Richtung Dezentralisierung führt, da diese schneller und flexibler reagieren können. Dies resultiert aber unter anderem auch aus einem Austausch von Informationen zwischen den Unternehmensbereichen und führt zu einer Dezentralisierung von geschäftlichen Entscheidungen. Dies setzt wiederum eine kommunikationsfreundliche Struktur voraus, die im Zuge einer IBS Einführung geschaffen werden kann.

Die oben erwähnten Tendenzen verlangen von den Führungskräften einer Unternehmung ein Verständnis für den gezielten Einsatz von integrierter Standardsoftware, da diese Lösungen zukünftig für ein Überleben eines Unternehmens von großer Bedeutung sein werden. Nicht nur die bereits oben erwähnten Netzwerke, sondern auch die schnelle Verfügbarkeit von Informationen und die immer besser werdende Flexibilität der Software, macht eine Einführung und Nutzung von IBS immer wichtiger für den Fortbestand eines Unternehmens. Auf der anderen Seite sollten die Führungskräfte eines Unternehmens auch die für sie geschaffenen Module der IBS verwenden, da unter anderem die Entscheidungsfindung und Informationsfilterung vereinfacht und unterstützt werden. Ein wichtiger Punkt in diesem Zusammenhang ist die Frage der Aktualität der Kennziffern. Damit die Entscheidungs- und Kontrollinstrumente effizient arbeiten, muß ein ständiges Hinterfragen des Zusammenkommens der Zahlen durchgeführt werden. Dies ist notwendig, da sich die Umweltbedingungen ständig ändern und immer überdacht werden muß, ob die Zahlen noch aktuell sind und ob nicht vielleicht andere Kennziffern ein besseres und sinnvolleres Ergebnis liefern würden. Folglich sollten auch die Instrumente und Module während der Systemnutzung immer überdacht und hinterfragt werden, um die aktuellen und notwendigen Informationen aus dem System filtern zu können und um dadurch den größten Nutzen zu erlangen.

Die Ziele, die mit einer Einführung von integrierter betriebswirtschaftlicher Standardsoftware erreicht werden sollten, reichen von einer zunehmenden Flexibilität, über die Integration aller betrieblichen Informationssysteme bis hin zu einer Änderung der Einstellung der Mitarbeiter. Das Ziel der Steigerung der Flexibilität wird nur teilweise erreicht. Integrierte betriebswirtschaftliche Standardsoftware wird zukünftig flexibler an die Veränderungen der Umwelt angepaßt werden müssen. Diese Aufgabe sollte von den Softwareherstellern durch einfachere Durchführung von Modifikationen erzielt werden. In den letzten Jahren gingen die Bemühungen in diese Richtung, und es ist nur wünschenswert, daß diese Entwicklung anhält. Durch diese Flexibilität wäre die Einführung der Software für die Unternehmen wesentlich einfacher, da die Auswirkungen auf die Struktur der Organisation weniger drastisch wären. Zudem wäre durch eine flexibler Gestaltung der IBS eine Anpassung an sich ändernde Rahmenbedingungen wesentlich leichter und der notwendige Wandel könnte schneller durchgeführt werden. Die stetige Veränderung wird durch die Weiterentwicklung der Programme immer mehr unterstützt. Aufgrund der Komplexität der IBS werden die Möglichkeiten der Anpassung immer besser und der Aufbau der Module immer flexibler.

Das Ziel sollte sein, daß die Organisation nicht nur reagieren, sondern schon im Voraus agieren kann.

Die Integration aller Informationssysteme wird meist erreicht, da die bestehenden Altsysteme über Schnittstellen eingebunden oder abgelöst und durch eine IBS ersetzt werden.

Durch ein Überarbeiten der Geschäftsprozesse werden diese auch ohne ein Business Process Reengineering überdacht und neu organisiert. Diese Optimierung der Prozesse hat zur Folge, daß sich das Unternehmen verstärkt auf die Kernkompetenzen konzentriert. Da in den meisten Fällen ein BPR begleitend zu einer IBS Einführung durchgeführt wird, stellt sich, wie oben bereits erwähnt, die Frage, ob sich diese Abläufe nicht immer mehr angleichen und keine wesentlichen Unterschiede zwischen den Unternehmen mehr bestehen. Das Ziel der Optimierung der Prozesse wird auf jeden Fall erreicht, da unabhängig von einem BPR-Projekt ein Überdenken der Abläufe stattfindet und diese auch angepaßt werden.

Die Mitarbeiter eines Unternehmens müssen die Chance erhalten, schon während der Entscheidungsphase mitzubestimmen, welches Produkt in Frage kommt und welche Aufgaben und Abläufe während der Implementierung verändert werden sollten. Weiters sollte ein Klima im Unternehmen geschaffen werden, daß es den Mitarbeitern erlaubt, Fehler zu machen und aus diesen zu Lernen.

Die neuen Organisationsformen, wie Lean-Management, TQM und Change Management, sind teilweise nur mit Hilfe von Standardanwendungssoftware durchführbar. Doch wird aufgrund der Integration und der damit verbundenen Komplexität die notwendige Flexibilität nicht erreicht, um den Anforderungen dieser Konzepte gerecht zu werden. Eine Verbesserung dieses Kriteriums wurde oben bereits angesprochen und stellt eine Herausforderung für die Softwarehersteller dar.

Abschließend kann festgestellt werden, daß die Integration verschiedener Informationstechnologien in und zwischen Unternehmen großen Einfluß auf diese Ausüben. Den möglichen Vorteile der Integration stehen die Gefahren einer Standardisierung und einer teilweisen verlorengegangenen Flexibilität gegenüber. Das die Entwicklung immer schneller und weiter in Richtung weltweite Vernetzung und folglich Integration geht, ist unumstritten. Die Aufgabe der Unternehmen wird es in diesem Zusammenhang sein, auch ihre standardisierten Abläufe und zementierten Prozesse gegenüber der Konkurrenz besser zu nutzen und flexibler zu gestalten. Zukünftig wird nur mehr Unternehmen erfolgreich sein, die neue Chancen erkennen und diese schnell umsetzen. Aufgabe der Software wird es sein, diese notwendigen Veränderungen zu unterstützen um diese zeitgerecht umsetzen zu können.

Die Unternehmen stehen im Zuge der Standardisierung und vor allem wegen der Integration vor neuen Herausforderungen, und sie müssen Lernen, als Ganzes mit diesen Veränderungen umzugehen.

Literaturverzeichnis

Barbitsch Barbitsch, C. E.; Einführung integrierter Standardsoftware; Carl Hanser Verlag München Wien, 1996

Dalheimer Dalheimer, V. (Hrsg.); Change Management auf Biegen und Brechen? Revolutionäre und evolutionäre Strategien der Organisationsveränderung; Wiesbaden, Gabler, 1998

Davenport Davenport, T. H.; Process Innovation: Reengineering Work through Information Technologie; Boston, Massachusetts: Harvard Business School Press, 1993

Dülfer Dülfer, E.; Organisationskultur: Phänomen –Philosophie – Technologie, Stuttgart, Poeschel, 1988

Franz Franz, Stefan; Prozeßmanagement leichtgemacht: Prozesse effektiv gestalten; Carl Hanser Verlag München, 1996

Groth, Kammel Groth, U.; Kammel, A.; Lean Management. Konzept – Kritische Analyse – Praktische Lösungsansätze, Wiesbaden 1994

Hammer,Champy Hammer, M.; Champy, J.; Reengineering The Corporation – A Manifesto for Business Revolution, 1. Aufl., New York 1993, (dt. Ausgabe: Business Reengineering – Die Radikalkur für das Unternehmen, 2. Aufl., Frankfurt/Main 1994)

Hanker Hanker, J.; Die strategische Bedeutung der Informatik für Organisationen, Teubner Verlag, Stuttgart, 1990

Heinrich Heinrich, L. J.; Systemplanung: Planung und Realisierung von Informatik-Projekten; Oldenburg Verlag, 1994

Heinrich Heinrich, L.; Systemplanung, Band II, Oldenburg Verlag, 1994

Hinterhuber, Krauthammer Hinterhuber, H.; Krauthammer, E.; Lean Management und individuelle Arbeitsplatzsicherung, In: zfo 5/1994

Imai

Imai, M.; Kaizen. Der Schlüssel zum Erfolg der Japaner im Wettbewerb, 9. Durchges. Auflage, München 1993

Kamiske, Füermann

Kamiske, G.; Füermann, T.; Reengineering versus Prozeßmanagement – Der richtige Weg zur prozeßorientierten Organisationsgestaltung, in: zfo 3/1995

Kirchmer

Kirchmer, M.; Geschäftsprozessorientierte Einführung von Standardsoftware; Gabler Wiesbaden, 1996

Kirsch

Kirsch, W.; Das Management des geplanten Wandels von Organisationen/Kirsch Werner; Werner-Michael Esser; Eduard Gabele. – Stuttgart: Poeschel, 1979

Krüger, Pfeiffer

Krüger, W.; Pfeiffer, P.; Strategische Ausrichtung, organisatorische Gestaltung und Auswirkung des Informationsmanagements, in: Information Management, 1988

Liebmann

Liebmann, H. P.; Vom Business Process Reengineering zum Change Management; Wiesbaden: Gabler 1997

Little

Little, A. D.; Management im vernetzten Unternehmen; Gabler Wiesbaden, 1996

Markus

Markus, M.L.; Benjamin, R.I.; Harvard Business Manager, 3/97

Maydl

Maydl, E.; Technologie-Akzeptanz im Unternehmen: Mitarbeiter für neue Informationstechnologien gewinnen; Gabler Verlag, Wiesbaden 1987

Mertens

Mertens P.; Integrierte Informationsverarbeitung; Gabler Verlag, Wiesbaden, 1997

Mintzberg

Mintzberg, H.; The Structuring of Organizations: A Synthesis of the Research; Englewood Cliffs: Prentice-Hall Inc., 1979

Nawatzki	Nawatzki, J.; Integriertes Informationsmanagement; Eul Verlag Köln, 1994, S. 52
Oess	Oess, A.; Total quality management. Die ganzheitliche Qualitätsstrategie, 3. Auflage, Wiesbaden, 1993
Österle	Österle, H.; Integrierte Standardsoftware, Band 1: Managemententscheidungen, AIT; Angewandte Informationstechnik, 1990
Österle	Österle, H.; Integrierte Standardsoftware, Band 2: Auswahl, Einführung und Betrieb von Standardsoftware, 1990
Pfeiffer	Pfeiffer, P.; Technologische Grundlage, Strategie und Organisation des Informationsmanagements, de Gruyter, Berlin, 1990
Pfeiffer, Weiß	Pfeiffer, W.; Weiß, E.; Lean Management. Grundlagen der Führung und Organisation lernender Unternehmen, 2. Überarbeitete und erweiterte Auflage, Berlin, 1994
Porter	Porter, M.; Wettbewerbsstrategien; Frankfurt 1988
Rüttler	Rüttler, M.; Information als strategischer Erfolgsfaktor, Reutlingen, 1991
SAP	SAP-Broschüre; System R/3: „Mehr als eine Software. Eine strategische Lösung.", 1998 SAP-AG
Scheer	Scheer, A.-W.; Handbuch Informationsmanagement: Aufgaben – Konzepte – Praxislösungen. Wiesbaden 1993
Schein	Schein, E. H.; Coming ta a New Awareness of Organizational Culture, In: Sloan Management Review, 25 (1984)
Schreyögg	Schreyögg, G.; Organisation- Grundlagen moderner Organisationsgestaltung, Wiesbaden Gabler Verlag, 1996
Stalk	Stalk, G.; Time – the Next Source Of Competitive Advantage, in: De Wit, B.; Meyer, R. (Hrsg.): Strategy – Process, Content, Context: An International Perspective, Minneapolis/St. Paul 1994

Stalk, Evans, Shulman	Stalk, G.; Evans, P.; Shulman, L.: Competing On Capabilities, in: De Wit, B.; Meyer, R. (Hrsg.): Strategy – Process, Content, Context: An International Perspective, Minneapolis/St. Paul 1994
Stehr	Stehr, Ch.; Multimediale Luftschlösser sind oft auf Sand gebaut; In Handelsblatt Nr. 34, 2.-3.9.1994
Steinbuch	Steinbuch, Pitter A.; Prozessorganisation – Business reengineering – Beispiel R/3; Friedrich Kiehl Verlag GmbH Ludwigshafen, Kiehl 1998
Taylor	Taylor, F. W.; Grundsätze wissenschaftlicher Betriebsführung; München, Berlin 1913
Thom	Thom, N.; Management des Wandels; in: Die Unternehmung 3/97
Wagner	Wagner, M.; Groupware und neues Management, Friedr. Vieweg & Sohn Verlagsgesellschaft mbH, Braunschweig/Wiesbaden, 1995

Personenverzeichnis

Bisutti	Interview mit Frau Bissuty, Diebold Unternehmensberatung, Wien, 23. Oktober 1998
Dornauer	Interview mit Herrn Dornauer, Tyrolit Schleifmittelerzeugung Swarovski KG, Schwaz, 13. Mai 1998
Juffinger	Vortrag von Herrn Juffinger, SAP – Modul Controlling, 14. Mai 98
Kainz	Interview mit Herrn Dr. Kainz, Institut für Wirtschaftsinformatik, Universität Innsbruck, 13. Mai 1998
Kuchelmair/Binder	Interview mit Frau Mag. Kuchelmair und Herrn Mag. Binder, Oracle, Wien; 20. Oktober 1998
Lipp	Interview mit Herrn Ing. Lipp, BAAN Österreich, Wien, 21. Oktober 1998
Specker	Telefonat mit Herrn Specker, Firma Hilti, Vaduz,

Liechtenstein, am 8. April 1999

Steiner   Interview mit Herrn Steiner, Zumtobel Staff AG; Dornbirn, am 20. April 1999

Thormählen   Interview mit Herrn Thormählen, IMG AG, St. Gallen; am 19.April 1999

Travnicek   Interview mit Herrn Travnicek, SAP Österreich, Wien, 3. November 1998

Wagner   Interview mit Herrn Dr. Wagner, Andersen Consulting, Wien, 2. November 1998

Stichwortverzeichnis

Ablauforganisation ... 33
Aktionsorientierten Datenverarbeitung ... 8
Akzeptanz ... 70
Andersen Consulting ... 22, 36, 58, 75
Änderung der Abläufe ... 18
Änderung der Organisationsstruktur ... 32
Anforderungen ... 74
Angst vor Machtverlust ... 71
Anpassungsfähigkeit ... 1, 59
Anpassungsmöglichkeiten der IBS ... 37
Arbeitsteilung ... 31
Aufbauorganisation ... 34, 51
Aufgabengebiete ... 74
Auswirkungen des Einsatzes von integrierter
 betriebswirtschaftlicher Standardsoftware ... 10
Automationsgrad ... 7
Baan ... 36, 41
BAAN ... 75
Barbitsch ... 17, 25
Bedrohung durch neue Konkurrenten ... 65
Bedrohung durch Substitutionsprodukte ... 65
Benchmarking ... 57
Benutzerakzeptanz ... 71
bereichs- und prozeßübergreifende Verbindung ... 7
Bereichsintegration ... 7
betriebswirtschaftliche Interesse ... 17
betriebswirtschaftliches Know-how ... 1, 18
Big Bang ... 21
Big–Bang ... 25
Binder ... 75
Bissuti ... 41
Bissuty ... 36
Bisuty ... 12
Black Box ... 78
bottom-up ... 46
BPR ... 22, 24, 45
Branchenneutralität ... 1
Branchenspezifika ... 2
breiten Spezialisten ... 74
Business Process Reengineering 18, 19, 21, 26, 37, 68
Chandler ... 10
Change Management ... 44
Change Mangement ... 57
Computerphobie ... 71
Costumizing ... 22
Customizing ... 38
Customizing-Objekte ... 39
Datenintegration ... 4, 32
Datenverarbeitungsinsellösungen ... 17
Denkhaltungen ... 67
diagonale Integration ... 7
Diebold ... 22
Diepold ... 12, 36, 41
Differenzierung ... 64
Dokumentation ... 76
Einheiten ... 60
einheitliche Benutzeroberfläche ... 75
Einordnung des Informationsmanagement ... 16
Einschulung ... 71

Entscheidungsfindung ... 62
Entscheidungszentralisation/-dezentralisation ... 35
Enttäuschung der Anwender ... 77
Erfolgspotentiale ... 11, 13
Erfolgspotentialen ... 32
Erwartungen der Anwender ... 76
Fehler ... 77
Fehlermeldungen ... 77
Fehlverhalten ... 77
Flache Hierarchie ... 51
Flexibilität ... 42, 58, 76
Forderungen der Anwender ... 76
Formalziel ... 31
fraktale Organisation ... 49
Führung ... 60
Funktionalität ... 2
Funktionsintegration ... 4
Gefahren einer Vernetzung ... 65
Gesamtkonzept der „Integrierten
 Informationsverarbeitung" ... 5
Geschäftsprozesse ... 17, 19, 75
Geschäftsprozessen ... 21
Geschäftsprozeß-Management ... 26, 28
Geschäftsprozeßoptimierung ... 26
Geschäftsprozeßorientierung ... 19
Heinrich ... 11
Hierarchie ... 34
Hilti ... 36
Hinterhuber ... 50
horizontale Integration ... 6
IBS ... 32, 69
IMG ... 36, 41, 58, 75, 77
Implementierung von Standardsoftware ... 19
Implementierungszahlen ... 2
Informationen als Erfolgspotentiale ... 14
Informations- und Kommunikationstechniken ... 13
Informationsasymmetrien ... 65
Informationsdezentralisierung ... 35
Informationsentscheidungssystemen ... 34
Informationsmanagement ... 14, 15, 16
Informationsstrategie ... 14
Informationssystemstrategie ... 11
Informationstechnologie ... 14
Informationstechnologieeinsatz ... 11
Informationsvorsprünge ... 13
Innovationen ... 68
Innovationszyklen ... 72
Integration ... 3
Integration entlang der Wertschöpfungskette ... 51
Integrationsreichweite ... 7, 8
Integrationsrichtung ... 5
Integrationstypen ... 4
integrierte Architektur ... 3
integrierte betriebswirtschaftliche Standardsoftware ... 8, 68
integrierte Vorgangsbearbeitung ... 32
integrierter betriebswirtschaftlicher
 Standardsoftware ... 24
Interessengegensätze ... 79
Internationalität ... 2

Diplomarbeiten Agentur

Die Diplomarbeiten Agentur vermarktet seit 1996 erfolgreich Wirtschaftsstudien, Diplomarbeiten, Magisterarbeiten, Dissertationen und andere Studienabschlußarbeiten aller Fachbereiche und Hochschulen.

Seriosität, Professionalität und Exklusivität prägen unsere Leistungen:

- Kostenlose Aufnahme der Arbeiten in unser Lieferprogramm
- Faire Beteiligung an den Verkaufserlösen
- Autorinnen und Autoren können den Verkaufspreis selber festlegen
- Effizientes Marketing über viele Distributionskanäle
- Präsenz im Internet unter **http://www.diplom.de**
- Umfangreiches Angebot von mehreren tausend Arbeiten
- Großer Bekanntheitsgrad durch Fernsehen, Hörfunk und Printmedien

Setzen Sie sich mit uns in Verbindung:

Diplomarbeiten Agentur
Dipl. Kfm. Dipl. Hdl. Björn Bedey —
Dipl. Wi.-Ing. Martin Haschke ——
und Guido Meyer GbR ————

Hermannstal 119 k —————
22119 Hamburg —————

Fon: 040 / 655 99 20 ————
Fax: 040 / 655 99 222 ———

agentur@diplom.de ————
www.diplom.de ————

www.ingramcontent.com/pod-product-compliance
Lightning Source LLC
La Vergne TN
LVHW092338060326
832902LV00008B/699